# Gestão por competências

## e gestão do conhecimento

Central de Qualidade — FGV Management
ouvidoria@fgv.br

PUBLICAÇÕES
FGV Management

SÉRIE GESTÃO DE PESSOAS

# Gestão por competências
## e gestão do conhecimento

3ª edição

Pedro Paulo Carbone
Hugo Pena Brandão
João Batista Diniz Leite
Rosa Maria de Paula Vilhena

FGV management

FGV EDITORA

ISBN — 978-85-225-0719-1



Direitos desta edição reservados à
EDITORA FGV
Rua Jornalista Orlando Dantas, 37
22231-010 — Rio de Janeiro, RJ — Brasil
Tels.: 0800-021-7777 — 21-3799-4427
Fax: 21-3799-4430
e-mail: editora@fgv.br — pedidoseditora@fgv.br
web site: www.fgv.br/editora

Impresso no Brasil / *Printed in Brazil*



Este livro foi editado segundo as normas do Acordo Ortográfico da Língua Portuguesa, aprovado pelo Decreto Legislativo nº 54, de 18 de abril de 1995, e promulgado pelo Decreto nº 6.583, de 29 de setembro de 2008.



1ª edição, 2005. 2ª edição, 2006. 1ª reimpressão, 2006. 2ª reimpressão, 2007. 3ª e 4ª reimpressões, 2008. 3ª edição, 2009. 1ª reimpressão, 2009.

Preparação de originais: Andréa Campos Bivar e Claudia Martinelli Gama

Editoração eletrônica: FA Editoração Eletrônica

Revisão: Aleidis de Beltran, Fatima Caroni e Mauro Pinto de Faria

Capa: aspecto:design

Ilustração de capa: André Bethlem

Carbone, Pedro Paulo
Gestão por competências e gestão do conhecimento / Pedro Paulo Carbone, Hugo Pena Brandão, João Batista Diniz Leite, Rosa Maria de Paula Vilhena. — 3. ed. — Rio de Janeiro : Editora FGV, 2009.
176p. — (Gestão de pessoas)

Acima do título: Publicações FGV Management.
Inclui bibliografia.

1. Aprendizagem organizacional. 2. Desempenho. 3. Gestão do conhecimento. I. Brandão, Hugo Pena. II. Leite, João Batista Diniz. III. Vilhena, Rosa Maria de Paula. IV. Fundação Getulio Vargas. V. FGV Management. VI. Título. VII. Série

CDD - 658.3

*Às nossas famílias, pelo apoio e*
*incentivo à elaboração desta obra.*
*Aos nossos alunos e aos nossos colegas docentes, que nos*
*levam a pensar e repensar as nossas práticas.*

# Sumário

# Apresentação

Este livro compõe as Publicações FGV Management, programa de educação continuada da Fundação Getulio Vargas (FGV).

Instituição de direito privado com mais de meio século de existência, a FGV vem gerando conhecimento por meio da pesquisa, transmitindo informações e formando habilidades por meio da educação, prestando assistência técnica às organizações e contribuindo para um Brasil sustentável e competitivo no cenário internacional.

A estrutura acadêmica da FGV é composta por oito escolas e institutos: a Escola Brasileira de Administração Pública e de Empresas (Ebape), dirigida pelo professor Flavio Carvalho de Vasconcelos; a Escola de Administração de Empresas de São Paulo (Eaesp), dirigida pela professora Maria Tereza Leme Fleury; a Escola de Pós-Graduação em Economia (EPGE), dirigida pelo professor Renato Fragelli Cardoso; o Centro de Pesquisa e Documentação de História Contemporânea do Brasil (Cpdoc), dirigido pelo professor Celso Castro; a Escola de Direito de São Paulo (Direito GV), dirigida pelo professor Ary

Oswaldo Mattos Filho; a Escola de Direito do Rio de Janeiro (Direito Rio), dirigida pelo professor Joaquim Falcão; a Escola de Economia de São Paulo (Eesp), dirigida pelo professor Yoshiaki Nakano; o Instituto Brasileiro de Economia (Ibre), dirigido pelo professor Luiz Guilherme Schymura de Oliveira. São diversas unidades com a marca FGV, trabalhando com a mesma filosofia: gerar e disseminar o conhecimento pelo país.

Dentro de suas áreas específicas de conhecimento, cada escola é responsável pela criação e elaboração dos cursos oferecidos pelo Instituto de Desenvolvimento Educacional (IDE), criado em 2003 com o objetivo de coordenar e gerenciar uma rede de distribuição única para os produtos e serviços educacionais produzidos pela FGV, por meio de suas escolas. Dirigido pelo professor Clovis de Faro, o IDE engloba o programa FGV Management e sua rede conveniada e contando com a direção acadêmica do professor Carlos Osmar Bertero, distribuída em todo o país (ver www.fgv.br/fgvmanagement), o programa de ensino a distância FGV Online (ver www.fgv.br/fgvonline), a Central de Qualidade e Inteligência de Negócios e o Programa de Cursos In Company. Por meio de seus programas, o IDE desenvolve soluções em educação presencial e a distância e em treinamento corporativo customizado, prestando apoio efetivo à rede FGV, de acordo com os padrões de excelência da instituição.

Este livro representa mais um esforço da FGV em socializar seu aprendizado e suas conquistas. Ele é escrito por professores do FGV Management, profissionais de reconhecida competência acadêmica e prática, o que torna possível atender às demandas do mercado, tendo como suporte sólida fundamentação teórica.

A FGV espera, com mais essa iniciativa, oferecer a estudantes, gestores, técnicos — a todos, enfim, que têm internalizado o conceito de educação continuada, tão relevante nesta era do conhecimento — insumos que, agregados às suas práticas, possam contribuir para sua especialização, atualização e aperfeiçoamento.

*Clovis de Faro*
Diretor do Instituto de Desenvolvimento Educacional

*Ricardo Spinelli de Carvalho*
Diretor Executivo do FGV Management

*Sylvia Constant Vergara*
Coordenadora das Publicações FGV Management

# Introdução

As duas abordagens em foco neste livro, a gestão do conhecimento e a gestão por competências, apresentam-se em evidência crescente nos meios acadêmicos e empresariais neste novo milênio. Por exemplo, uma consulta na internet, por meio do site de busca <www.google.com>, no dia 13 de dezembro de 2004, permitiu localizar 9 milhões de referências apenas ao tema *knowledge management*.

De forma ampla, as duas abordagens podem ser percebidas no contexto das novas leituras sobre o mundo contemporâneo, como a sociedade da informação (Kumar, 1997), o capitalismo flexível (Sennett, 2002) e a sociedade pós-industrial (De Masi, 1999).

Nesse âmbito, segundo Drucker, a aplicação do conhecimento ao trabalho, seguida da aplicação do conhecimento ao conhecimento, seria a grande mudança paradigmática da sociedade pós-capitalista. Nas palavras do autor:

> Esta mudança significa que hoje vemos o conhecimento como recurso essencial. Terra, mão-de-obra e capital são importan-

> tes, mas principalmente, como restrições. (...) O fato do conhecimento ter passado a ser o recurso, ao invés de *um* recurso, é que torna a nossa sociedade *pós-capitalista*.
>
> (Drucker, 1993:23-24)

O leitor que não se assuste com essas turbulências. Pois esta viagem está apenas começando!

Antes disso, é necessário retomar as raízes teóricas de ambas as abordagens. Elas podem ser situadas no contexto maior da economia das organizações, área do conhecimento localizada na fronteira da economia com a teoria das organizações (Barney e Hesterly, 1996). A economia das organizações abrange, entre outras correntes, a administração estratégica (*strategic management*), que busca explicar como as empresas conquistam vantagem competitiva (Barney, 1991). O motor da vantagem competitiva é a geração permanente de inovações, e o seu principal insumo é o *conhecimento* (Grant, 1997).

Em relação às outras áreas da ciência, o *conhecimento* apresenta diversas interfaces: na sociologia, é percebido como construção social (Berger e Luckmann, 1966); na psicologia, está relacionado à aprendizagem (Piaget, 1976); da filosofia, podem-se recuperar os conceitos de labor, trabalho e ação (Arendt, 1995).

A respeito de sua aplicabilidade, tanto a gestão do conhecimento quanto a gestão por competências encontram-se em fase de consolidação no cenário mundial. Para isso, mesclam as contribuições de praticantes e de teóricos (De Geus, 1998; Edvinsson e Malone, 1998; Sanchez e Heene, 1996). Ambas as abordagens têm sido implementadas de forma complementar a outras perspectivas gerenciais como, por exemplo, a gestão de processos (Hidding e Catterall, 1998).

Especificamente em relação ao Brasil, estudos recentes mostram que não há uma concepção universal acerca das duas abordagens. Na realidade, podem ser identificadas concepções e práticas bastante diferenciadas a respeito de ambas, tanto no caso de empresas privadas, quanto em organizações públicas (Terra, 2003).

Sobre a relevância da gestão do conhecimento e da gestão por competências em termos de resultados, mesmo considerando-se as dificuldades de mensuração típicas dessas áreas, há autores que adiantam sobre a ocorrência de desperdícios de conhecimento por parte das organizações. Isso pode ocorrer em, pelo menos, duas direções: de um lado, na recriação de conhecimento já existente (*reinvenções da roda*); de outro, na não geração de novos conhecimentos (Fahey e Prusak, 1998).

Em geral, de acordo com O'Dell e Grayson (1998:154), os executivos reconhecem que "dentro de suas próprias organizações reside, desconhecido e não utilizado, um vasto tesouro interno de conhecimento, *know-how* e melhores práticas". Para tais autores, essas perdas seriam decorrentes de falhas ou da ausência de gestão do conhecimento no âmbito das organizações.

Na visão adotada neste livro, esses problemas podem estar relacionados não somente a possíveis falhas de gestão, mas também à própria complexidade dos temas em foco. Assim, especificamente a respeito do significado do conhecimento, Alvesson e Karreman (2001:1.014) fazem a seguinte advertência: "Nós não sabemos muito sobre conhecimento, mas nós sabemos como gerenciá-lo".

A discussão sobre o conhecimento vem de muito longe. Maturana e Varela (2003:267) fazem referência ao texto bíblico: "Quando Adão e Eva comeram o fruto do conhecimento do bem e do mal, viram-se transformados em outros seres e não mais voltaram à antiga inocência. (...) sabiam-se desnudos; sabiam que sabiam".

Essa metáfora do fruto do conhecimento também pode ser encontrada na civilização celta, que habitou a Europa desde o século XIV a.C. Para os celtas, a macieira era considerada a árvore da ciência, e a maçã era o símbolo da imortalidade, do conhecimento e do saber (Barros, 1996). Mais adiante, no século IV a.C., o tema tem presença marcante na Grécia antiga. Na República de Platão, somente seria válido o conhecimento que levasse "à vida boa e justa para todos" (Klein e Lyyitinen, 1985:145). No contexto da obra de Platão, aparece possivelmente uma das primeiras definições de *conhecimento,* visto como "crença verdadeira justificada".

Ao longo dos séculos, muitos filósofos fracassaram em suas tentativas de definir o significado do conhecimento. Russel, por exemplo, teria recomendado de forma explícita a não se conceituar o conhecimento, sob o argumento de que "o conhecimento é um termo impossível de se definir" (apud Garcia, 2002:28).

Entretanto, na década de 1920, Hessen (2000) argumentou que o conhecimento é uma relação entre sujeito e objeto. Por meio do conhecimento, o sujeito apreende o objeto, ao mesmo tempo em que o objeto condiciona o sujeito que o apreende. Na década de 1960, Berger e Luckmann (1966:17) definiram o conhecimento como "a certeza de que os fenômenos são reais e possuem características específicas". Ou seja, enquanto não ocorrem problemas, aceita-se a realidade como certa e o conhecimento como verdadeiro.

No final do século XX, a antiga definição feita por Platão, de conhecimento como "crença verdadeira justificada", foi recuperada por Nonaka e Takeuchi (1997), para a construção da teoria da criação do conhecimento. Essa abordagem é uma das primeiras referências teóricas da gestão do conhecimento, e será tratada mais adiante.

Diante do exposto, pode-se afirmar que as duas abordagens em foco neste livro, a gestão do conhecimento e a gestão por competências, apresentam-se como áreas de grandes desafios. De um lado, são abordagens em fase de consolidação nos contextos acadêmico e organizacional. De outro, estão centradas em um tema de grande complexidade, o *conhecimento*, que envolve diversos campos da ciência.

Para discutir esses dois temas, este livro é composto de cinco capítulos, além desta introdução. O primeiro capítulo, com ênfase em aspectos teóricos e práticos sobre a gestão do conhecimento e a gestão por competências, está dividido em quatro seções: a primeira, trata dos antecedentes das duas abordagens, com ênfase no tema conhecimento na Antiguidade; a segunda seção diz respeito ao conhecimento no contexto da era moderna; a terceira seção trata das origens teóricas das duas abordagens; e a quarta aborda o contexto atual, com ênfase na relação entre conhecimento e inovação.

O segundo capítulo apresenta uma visão geral sobre a gestão por competências e é composto de cinco seções. Na primeira, são apresentados os conceitos de competência humana e organizacional. Na segunda seção, é apresentado um modelo de gestão por competências. A terceira trata do mapeamento de competências e a quarta seção está dedicada à certificação de competências. Finalmente, na quinta seção é abordado o tema gestão de pessoas por competências.

O terceiro capítulo trata especificamente da gestão do conhecimento e está dividido em seis seções. Na primeira, são abordados os conceitos básicos e tipos de conhecimento. Na segunda seção, são discutidas as relações entre a aprendizagem organizacional e a gestão do conhecimento. Em seguida, é apresentada a perspectiva japonesa, fundamentada na teoria da criação do conhecimento. A quarta seção trata da gestão do conhecimento a partir da realidade norte-americana, com ênfase no conhecimento explícito. Na quinta, são apresentadas algumas experiências e práticas de gestão do conhecimento em empresas brasileiras, enquanto na sexta e última seção são apresentadas interfaces entre a gestão do conhecimento e a gestão por competências.

O quarto capítulo está dedicado à gestão do capital intelectual, com ênfase em metodologias de mensuração, sendo dividido em quatro seções. A primeira trata da contabilidade tradicional e sua importância ante a avaliação de patrimônios de conhecimento. A segunda seção é reservada para a compreensão dos ativos intangíveis. Na terceira seção, são apresentados os modelos de gestão do capital intelectual desenvolvidos pelos principais teóricos contemporâneos, enquanto na quarta seção explora-se o conceito de capital humano e são propostos caminhos para a sua gestão e mensuração.

À guisa de conclusão, as últimas páginas deste livro estão voltadas para as perspectivas e os desafios futuros para as organizações e para os profissionais no contexto da sociedade do conhecimento.

# 1

# Aspectos teóricos e práticos

Este primeiro capítulo trata de aspectos teóricos e práticos relacionados à gestão do conhecimento e à gestão por competências e está dividido em quatro seções. A primeira seção trata do conceito de conhecimento desde a Antiguidade, com ênfase na dicotomia contemplação *versus* ação. A segunda aborda o tema conhecimento no contexto da era moderna, em que a dicotomia é invertida para ação *versus* contemplação. Na terceira seção, são identificadas as origens teóricas da gestão do conhecimento e da gestão por competências na área da economia das organizações, mais especificamente no âmbito das teorias da estratégia, enquanto a quarta seção enfoca o contexto atual, com ênfase no conhecimento como fonte de inovação e de vantagem competitiva.

## O conhecimento na Antiguidade: contemplação versus ação

Conforme dito, o *conhecimento* é uma preocupação humana desde os tempos mais remotos. Na Idade do Bronze, por volta do século XIV a.C., o tema já estava presente na mitologia da civilização celta, que habitava o território correspondente à Irlanda dos dias de hoje. Os celtas já haviam descrito os deuses da religião, da ciência, da profecia e da magia (Barros, 1996). E, diferentemente das nossas práticas atuais, os celtas não separavam o "saber" do "agir", isto é, o conhecimento e a ação eram vistos de forma integrada.

A conjunção desses dois conceitos era evidenciada pela união e a harmonia da dupla druida-rei. Os druidas eram os homens-deuses: os "muito sábios", os que "viam além". Seus conhecimentos eram vastos: abrangiam "a filosofia, a medicina, a teologia, a poesia, a magia, a vidência e a música" (Barros, 1996:26). O druida, detentor dos poderes espirituais e temporais, era solidário do poder político do rei. "O druida aconselhava; o rei agia e jamais ousava desobedecê-lo. Essa união só tem sentido numa sociedade onde os atos políticos são ao mesmo tempo sagrados" (Barros, 1996:25).

Cerca de 700 anos mais tarde, a relação entre o conhecimento e a vida política também estava presente na Grécia antiga. Desde o século VII a.C., os filósofos pré-socráticos separavam a vida da cidade (*polis*) da vida da casa (*oikos*). A casa era o local da atividade privada, onde mulheres e escravos cuidavam das atividades produtivas, da economia. Ali produziam os bens de consumo, produtos perecíveis, os quais garantiam a sobrevivência das pessoas, mas não garantiam a preservação da sua memória. Por outro lado, a *polis* era o espaço público exclusivo dos cidadãos livres das obrigações da casa. Na *polis*, os cidadãos exerciam a política por meio do discurso e da persuasão. Ali o poder era exercido essencialmente por meio da palavra:

> O que implica o sistema da polis é primeiramente uma extraordinária preeminência da palavra sobre todos os outros ins-

trumentos do poder. Torna-se o instrumento político por excelência, a chave de toda autoridade no Estado, o meio de comando e domínio sobre outrem.

(Vernant, 2002:53-54)

Ainda de acordo com Vernant (2002), a *polis* também era o espaço da plena publicidade dos feitos humanos. Era onde os cidadãos podiam conquistar — por meio da narração de seus feitos, pela via oral ou escrita — a admiração dos contemporâneos, podendo assim atingir as gerações seguintes: "transcender a mortalidade era estar presente no devir, na forma de uma lembrança" (Wagner, 2000:41).

A *polis* era, então, o espaço de imperecibilidade, onde os homens buscavam a imortalidade (Arendt, 1995). Na cidade transitavam os filósofos. Suas verdades deviam ser justificadas por meio da argumentação, da arte oratória e do debate, jamais impostas por meio da violência:

> Tornando-se elementos de uma cultura comum, os conhecimentos, os valores, as técnicas mentais são levados à praça pública, sujeitos à crítica e à controvérsia. Não são mais conservados, como garantia de poder, no recesso de tradições familiares; sua publicação motivará exegeses, interpretações diversas, oposições, debates apaixonados. Doravante, a discussão, a argumentação, a polêmica tornam-se as regras do jogo intelectual, assim como do jogo político. (...) A lei da polis, por oposição ao poder absoluto do monarca, exige que umas e outras sejam igualmente submetidas à prestação de contas.
>
> (Vernant, 2002:55-56)

E foi dentro desse contexto que surgiu o conceito de conhecimento como "crença verdadeira justificada", presente na obra de Platão.

Entretanto, mudanças importantes ocorreram na Grécia antiga, por volta do século IV a.C. Naquela época, os filósofos socráticos, e Platão era um deles, decidiram abandonar a *polis*, após a morte de Sócrates. Começou a entrar em crise a ideia de conhecimento justificado por meio da persuasão, uma vez que o próprio Sócrates não conseguiu persuadir os juízes a respeito de sua inocência. A partir daí, para os filósofos indignados com a condenação injusta de seu próprio mestre, passa a valer apenas o conhecimento obtido por meio da contemplação das verdades eternas.

Ao deixarem a cidade e, juntamente com ela, a vida política, os filósofos separaram o pensamento da ação humana. A contemplação (*vita contemplativa*) passa a ser considerada pelos filósofos hierarquicamente superior à ação (*vita activa*). A quietude — pensamento contemplativo voltado para as verdades eternas — passa a ser considerada mais importante do que as atividades mundanas exercidas pelos homens. Isso valia tanto para a política, a vida pública exercida na *polis*, quanto para a economia, a vida privada exercida no âmbito da casa (Arendt, 1995).

Ainda assim, esse abandono da *polis* era ambivalente: de um lado, eles renunciam à vida pública e retiram-se do mundo em busca de sua salvação no conhecimento obtido por meio da contemplação; de outro, intitulam-se os únicos aptos a governar a cidade, por causa de seu saber superior (Vernant, 2002). Daí surge a ideia da República de Platão, na qual os objetivos econômicos típicos da vida privada eram vistos como "subobjetivos pedestres". Somente era considerado válido, e justificado, o conhecimento que levasse "à vida boa e justa para todos" (Klein e Lyyitinen, 1985:145).

Vale dizer que até então, na Grécia pré-socrática, não havia separação hierárquica entre contemplação e ação (Arendt, 1995). Essa perspectiva de superioridade hierárquica da contemplação sobre a ação mundana dos homens teve um papel decisivo no surgimento do cristianismo. E a fé cristã foi fundamental para a construção da civilização ocidental moderna, o que abrange as bases do próprio sistema capitalista. Esse argumento será desenvolvido a partir da próxima seção.

## O conhecimento na era moderna: ação versus contemplação

Santo Agostinho (354-430), que no início de sua vida foi um pecador herege, mais tarde se tornou o principal filósofo da era cristã (Mannion, 2004). E foi com base na obra desse santo e pensador cristão que Hirschman construiu seu ensaio a respeito dos fundamentos do capitalismo moderno:

> No início da Era Cristã, Agostinho denunciava o desejo pelo dinheiro e posses como um dos três pecados principais, os outros dois seriam o desejo pelo poder e o desejo sexual. Agostinho concebia a possibilidade de um vício reprimir um outro.
>
> (Hirschman, 2002:31-32)

A partir daí, Hirschman identificou a origem do argumento de um pecado neutralizar os efeitos negativos de outro. Ou seja, pode ser identificado aqui o embrião da ideia das paixões compensatórias, que mais tarde orientou as concepções de dois grandes pensadores da era moderna: Montesquieu, na França, e Adam Smith, na Escócia.

É assim que, no século XVIII, a possibilidade das paixões compensatórias foi retomada por Montesquieu (1689-1755): "Todos contribuem para o bem-estar geral enquanto pensam estar trabalhando pelos próprios interesses" (apud Hirschman, 2002:31-32).

A ideia das paixões compensatórias deu origem ao argumento a respeito das intenções não realizadas e das realizações não intencionais do capitalismo, decorrentes da metáfora da mão invisível de Adam Smith (1723-90). Ou seja, os mercados têm a capacidade de coordenar a produção econômica e as trocas com eficiência (baixo custo), sem a necessidade de planejamento do governo. Por meio dos mecanismos da livre entrada, a mão invisível contém o lucro excessivo.

A partir de Adam Smith, um dos criadores da economia clássica, começaram a entrar em cena os pressupostos de produtividade e eficiência. Antes vista pela fé cristã como um dos principais pecados, a busca da riqueza começou a ser legitimada pela ciência moderna. Adam Smith preparou o terreno para a teoria do valor do trabalho. Para ele, a fonte de toda a riqueza é o trabalho.

Mais adiante, Karl Marx (1818-83), crítico da obra de Adam Smith, consolidou a teoria do valor do trabalho, segundo a qual o valor da mercadoria corresponde à quantidade de trabalho nela contida. O trabalho é a fonte de toda a produtividade. É a expressão máxima do homem. Segundo Marx, foi o trabalho que criou o homem, e não Deus.

Arendt (1995) identificou na obra desses pensadores modernos, principalmente no pensamento de Marx, a inversão da ordem das prioridades vigente desde a Grécia antiga. Inicialmente, a contemplação *(vita contemplativa)* era considerada hierarquicamente superior à ação *(vita activa)*. Depois, a ação passou a ter prioridade sobre a contemplação. A visão hegemônica do conceito de trabalho na obra de Marx mostra essa mudança: os filósofos limitaram-se a pensar o mundo, mas é necessário transformá-lo.

E, a partir de outra frase clássica contida no *Manifesto comunista*, de Marx e Engels — "tudo o que é sólido se desmancha no ar" —, o filósofo contemporâneo Marshall Berman fez uma análise profunda da "aventura da modernidade", colocando em destaque o mito de Fausto, símbolo do empresário empreendedor, arquétipo da destruição criativa:

> Fausto retorna uma vez mais a seu quarto solitário para meditar sobre a condição humana. Abre a Bíblia, no início do Evangelho segundo São João: "No princípio era o Verbo". Considerando esse princípio cosmicamente inadequado, procura uma alternativa e finalmente escolhe e escreve um novo princípio: "No princípio era a *Ação*". Ele se entusiasma com a idéia de um Deus que se define através da ação, através do ato primordial de criar o mundo; ilumina-se de vibração pelo espírito e pelo poder desse Deus, e se declara pronto a reconsagrar sua vida a ações amplamente criadoras.
>
> (Berman, 1994:47)

Daí em diante, predominou a crença iluminista do homem como senhor da natureza. É o *homo faber*, que pode transformar e até destruir a natureza para a geração infinita de riquezas.

Entretanto, aquela concepção hegemônica do trabalho, adotada pelos pensadores modernos, principalmente por Marx, foi questionada mais tarde, em meados do século XX, por Arendt (1995). Sua crítica é feita tendo como referência principal os conceitos de ação (*vita activa*) e de contemplação (*vita contemplativa*), originários da Grécia antiga. De acordo com essa autora, Marx teria incorrido nos mesmos erros cometidos pelos filósofos socráticos da Antiguidade: de um lado, manteve a ideia de diferenciação hierárquica entre ação (*vita activa*) e contemplação (*vita contemplativa*); de outro lado, também não distinguiu as diferentes atividades humanas que compõem a *vita activa* (labor, trabalho e ação política, a serem comentados mais adiante). Para Marx, toda ação é sinônimo de trabalho. Não são considerados os seus componentes.

Em direção oposta a Marx e também aos filósofos socráticos, Arendt rejeita a diferenciação hierárquica entre *vita activa* e *vita contemplativa*. Além disso, reitera que a *vita activa* não é sinônimo de trabalho. Para isso, essa autora recupera conceitos decorrentes da tradição filosófica pré-socrática, visando identificar as três atividades componentes da *vita activa*.

Em primeiro lugar, segundo Arendt, a distinção entre labor e trabalho não foi levada em consideração por nenhum dos principais autores que estudaram o tema *trabalho* na era moderna, especialmente Francis Bacon, Adam Smith e Karl Marx. Entretanto, de acordo com a autora, labor e trabalho são conceitos distintos. Como prova disso, as suas diferenças estão sempre presentes nos mais diversos idiomas ocidentais, nos quais podem ser identificados os dois conceitos, labor e trabalho. De um lado, o labor representa o sentido natural e animalesco do trabalho, abrangendo tudo aquilo que o homem faz, tal qual os animais, para suprir suas necessidades de sobrevivência e reprodução. O produto do labor não tem nenhuma durabilidade, é destruído durante o ato de uso e está voltado especificamente para o consumo. De outro lado, o trabalho propriamente dito representa o sentido essencialmente mundano da atividade humana, a construção de objetos de uso e de arte, que têm alguma durabilidade, e por meio dos quais o homem constrói o mundo e busca perpetuar-se, conquistar a imortalidade. Por meio do trabalho, o homem considera-se senhor de toda a natureza, de si e de todos os seus atos. Para isso, expressa-se por intermédio das noções de instrumentalidade e de utilidade. Através do olhar do *homo faber*, a natureza também se torna um objeto, um meio a ser utilizado nos processos de fabricação. Entretanto, os produtos do trabalho tendem a se tornar crescentemente perecíveis, assemelhando-se aos produtos do labor.

O terceiro componente da *vita activa* é a ação humana ou ação política. Esta também não foi levada em consideração por aqueles pensadores modernos, que não distinguiam trabalho de labor. De acordo com Arendt, a ação política está associada à condição humana do nascimento, da criação. Refere-se ao preceito do início, ao preceito da liberdade, que vem ao mundo com a criação do homem. A ação é a única atividade que se exerce diretamente entre os homens sem a mediação das coisas ou das matérias. Traz consigo a marca da imprevisibilidade dos homens como seres singulares. Os resultados finais obtidos da ação humana são os fatos e histórias que podem ser reificados. Essas histórias são socialmente construídas. A ação só existe por meio da palavra, da argumentação, do discurso.

E é neste sentido que, na visão adotada neste livro, deve-se conceber o conceito de conhecimento como "crença verdadeira justificada". É somente através da ação que uma pessoa pode construir a sua identidade: nós somos o que fazemos.

O termo agir, por sua vez, significa tomar iniciativa, iniciar, ser o primeiro, imprimir movimento a alguma coisa. Neste sentido, a ação representa um processo imprevisível, cujas conseqüências são irreversíveis.

> Este cunho de surpreendente imprevisibilidade é inerente a todo início e a toda origem. (...) O novo sempre acontece à revelia da esmagadora força das leis estatísticas e de sua probabilidade que, para fins práticos e cotidianos, equivale à certeza; assim, o novo sempre surge sob o disfarce do milagre. O fato de que o homem é capaz de agir significa que se pode esperar dele o inesperado, que ele é capaz de realizar o infinitamente improvável.
>
> (Arendt, 1995:190-191)

Entretanto, trazendo esses conceitos para meados do século XX, cabe registrar a percepção de Arendt a respeito da sociedade moderna: o trabalho humano estaria passando por um processo de desqualificação, de perda de significado, de desumanização, de transformação em labor. Na medida em que deixa de ser atividade específica do *homo faber*, que constrói o mundo para a sua morada, o trabalho humano tende a se igualar à atividade do *animal laborans*, que trabalha apenas para sobreviver como espécie.

Em resumo: segundo Arendt, na sociedade moderna do século XX, na ausência da ação política, a atividade de produção estaria "assentada no 'trabalho' não qualificado, uma característica do labor" (apud Wagner, 2000:92).

Na visão adotada neste livro, os dois conceitos, de *vita contemplativa* e de *vita activa* (labor, trabalho e ação), são essenciais para a compreensão das abordagens da gestão do conhecimento e da gestão por competências. Mais adiante, na conclusão, pretende-se refletir sobre isso por meio de comparações entre esses dois conceitos e o mundo do trabalho nas empresas contemporâneas. Entende-se que essas comparações podem ser úteis para consolidar o argumento adotado neste livro a respeito das duas abordagens em foco, além de permitir sugestões de caminhos e desafios futuros.

Por ora, para finalizar esta seção, cabe retomar a tônica do pensamento moderno. Especificamente a respeito da economia clássica, de Adam Smith a Marx, podem-se identificar os seguintes aspectos básicos: a ideia da emancipação do conhecimento em relação às superstições religiosas, a crença no progresso decorrente das descobertas científicas, o domínio do homem sobre a natureza, a fé no trabalho como fonte de riqueza e produtividade. E da mesma forma, no contexto da sociedade moderna do século XX, a economia neoclássica, herdeira de Adam Smith e crítica de Marx, manteve a ideia da mão invisível, baseada em pressupostos de equilíbrio, certeza e racionalidade. Seu objetivo também se mantém: busca-se a produtividade e a eficiência (Vasconcelos e Cyrino, 2000).

Neste momento, você, leitor, é convidado a refletir sobre o vigor das contribuições dos autores clássicos para o desenvolvimento do pensamento gerencial dos dias de hoje, principalmente em relação às duas abordagens em foco neste livro, a gestão do conhecimento e a gestão por competências. Isso principalmente considerando que os pressupostos de produtividade e eficiência serão colocados em destaque nas origens teóricas dessas duas abordagens. Para isso, tem-se como ponto de partida a economia das organizações, herdeira da economia neoclássica e, como foco principal, as teorias da estratégia, a serem vistas a seguir.

## Origens da gestão do conhecimento e da gestão por competências

As ideias discutidas nesta seção inserem-se na fronteira entre a economia e a administração, área ampla e heterogênea denominada economia das organizações.

De acordo com Barney e Hesterly (1996), esse campo de estudo distingue-se pela crença em pressupostos de equilíbrio e maximização da teoria econômica neoclássica. Esses autores dividiram a economia das organizações em quatro principais correntes, cada uma focalizando uma grande questão: economia dos custos de transação, teoria da agência, economia da cooperação e administração estratégica. Elas serão descritas a seguir.

- *Economia dos custos de transação.* Por que as organizações existem? No âmbito da economia dos custos de transação, argumenta-se que o custo de gerenciar as trocas econômicas através dos mercados pode ser mais alto do que dentro das fronteiras de uma organização. Ou seja, a existência das empresas pode ser justificada por sua maior eficiência em termos de custos. Isso ocorre em razão da assimetria das informações no mercado, além da tendência ao oportunismo e à racionalidade limitada dos agentes econômicos. De forma geral, a economia dos custos de transação vai de encontro à ideia da mão invisível de Adam Smith, segundo a qual as soluções mais eficientes sempre estariam no mercado. Isso pode levar à crença de que a melhor estratégia é a economia de custos.

- *Teoria da agência.* Os sócios de uma firma concordam acerca de como esta deve ser gerenciada? Da mesma forma que a primeira abordagem, a teoria da agência tem sido alvo de discussão nos dias de hoje, pois também utiliza como ponto de partida as preocupações relacionadas aos custos de transação (oportunismo, racionalidade limitada e assimetria de informações). Entretanto, a sua ênfase recai sobre os conflitos existentes entre os interesses dos executivos e os objetivos dos proprietários da empresa (acionistas). Os objetivos das duas primeiras abordagens são os mesmos: a busca de produtividade e eficiência para as organizações.
- *Economia da cooperação.* Como as organizações podem cooperar? Segundo essa corrente, as empresas podem cooperar de formas distintas, como, por exemplo, por meio de alianças estratégicas ou de conluio tácito. Os incentivos para cooperar seriam os seguintes: as economias de escala, o menor custo de entrada em novos mercados e em novas indústrias, a aprendizagem com os parceiros, a possibilidade de redução da incerteza estratégica, o gerenciamento de custos, o compartilhamento de riscos e a facilidade de realizar acordos tácitos.
- *Administração estratégica.* Por que algumas organizações superam outras? Entre as quatro correntes citadas, este capítu-

lo focaliza principalmente a administração estratégica, especialmente à luz do debate existente entre as teorias do paradigma SCP (*Structure-Conduct-Performance*) e a teoria baseada em recursos. Esse paradigma é aqui representado pela vertente dominante de Porter (1989), a escola estratégica de posicionamento, cujo foco é o ambiente externo à organização. A teoria baseada em recursos, por sua vez, tem foco no ambiente interno das empresas, principalmente em relação aos processos e recursos. Os recursos são representados, sobretudo, pelos conhecimentos e pelas competências das pessoas que trabalham na organização (Barney e Hesterly, 1996; Sanchez e Heene, 1996).

A partir do debate entre essas duas escolas da administração estratégica, discute-se uma proposta integradora das duas visões: a teoria da competição baseada em competências (Sanchez e Heene, 1996), a qual está centrada em um conceito multidimensional de competências: holísticas, sistêmicas, dinâmicas e cognitivas. Esse conceito abre espaço para as seções seguintes, que tratam da gestão por competências e da gestão do conhecimento. Serão apresentadas, a seguir, as duas abordagens tradicionais da administração estratégica: a escola de posicionamento e a teoria baseada em recursos. Ambas serão posteriormente comentadas.

### *Escola de posicionamento*

No final da década de 1950, os economistas Mason (1959) e Bain (1956) realizaram um estudo para subsidiar iniciativas reguladoras antitrustes por parte do governo norte-americano, com o objetivo de proteger a sociedade contra possíveis abusos de preços (apud Barney e Hesterly, 1996). Esse estudo serviu de base para a construção do modelo das cinco forças competitivas (clientes, fornecedores, novos entrantes, produtos substitutos e rivalidade da indústria), de autoria de Porter (1989), de onde surgiu a escola estratégica de posicionamento.

Esse autor, no entanto, utilizou as abordagens de Mason (1959) e Bain (1956) de forma invertida, em favor do posicionamento monopolista das empresas dentro de um segmento de mercado — isso como estratégia para a realização de desempenho econômico acima da média das empresas, ou seja, de vantagem competitiva (Vasconcelos e Cyrino, 2000).

A escola de posicionamento está fundamentada em uma visão de fora para dentro da empresa. Esta deve adaptar a sua estratégia às variáveis do ambiente externo. Isso significa que a conquista de vantagem competitiva depende exclusivamente da capacidade de a empresa proteger-se de possíveis ameaças. Estas podem ser provenientes dos concorrentes atuais, de novos entrantes no mercado, dos próprios clientes, bem como dos fornecedores. Decorre daí a proposta de criação de barreiras monopolistas, como forma de garantia da manutenção da superioridade de desempenho (Barney e Hesterly, 1996; Ghoshal e Bartlett, 1998).

O modelo de Porter recebeu muitas críticas, principalmente no que concerne aos seus efeitos moralmente inaceitáveis de reduzir o bem-estar social geral (Aktouf, 2001; Barney e Hesterly, 1996). Outra crítica refere-se à pouca importância que a escola de posicionamento atribui aos processos internos, como a aprendizagem e a inovação (Sanchez e Heene, 1996). Na próxima seção, a teoria baseada em recursos aborda os processos internos à organização.

### *Teoria baseada em recursos*

A teoria baseada em recursos tem origem nos trabalhos da economista inglesa Penrose (1959), que enfatiza os limites e as possibilidades dos recursos internos das firmas para a geração de desequilíbrios de mercados, dos quais as empresas possam obter vantagem competitiva.

A partir das ideias de Penrose (1959), surgiram outros trabalhos importantes, como a análise das empresas feita por Wernerfelt (1984), tendo como ponto de partida os seus recursos, em vez de enfocar os seus produtos. Além disso, outro trabalho fundamental foi realizado por Barney (apud Barney e Hesterly, 1996:133), em busca da construção de uma teoria completa, com base em dois pressupostos:

- heterogeneidade da firma: no âmbito das empresas, os recursos e as capacidades (ou competências) podem variar de forma significativa;
- imobilidade dos recursos: essas diferenças podem ser estáveis.

Em resumo, a teoria baseada em recursos explica a diferença de desempenho entre as empresas a partir da heterogeneidade de seus recursos. Isso significa que, nessa perspectiva, a fonte básica para a vantagem competitiva são os recursos e as competências desenvolvidos e controlados pelas organizações, elementos escassos, valiosos, de difícil e custosa imitação e substituição. Ou seja, são recursos não perfeitamente transferíveis entre empresas (Barney, 1991). Essas imperfeições do mercado de recursos possibilitam a conquista de vantagem competitiva por parte das empresas.

No entanto, apesar da ênfase dada aos recursos internos das empresas (conhecimentos e competências), a teoria baseada em recursos pouco avança na compreensão dos processos internos de aprendizagem e construção de conhecimento. Portanto, pode-se afirmar que as duas principais correntes da administração estratégica não explicam a dinâmica dos ambientes competitivos nem os desafios de criar e gerir as capacidades organizacionais. Para superar essas lacunas, surgiu a teoria da competição baseada em competências, que será abordada a seguir.

## *Teoria da competição baseada em competências: uma abordagem integradora*

A origem dessa teoria está no conceito de competências essenciais de Prahalad e Hamel (1990:298), definidas como "o aprendizado coletivo na organização, especialmente como coordenar as diversas habilidades de produção e integrar as múltiplas correntes de tecnologias". Num cenário dinâmico, a vantagem competitiva da organização reside nas competências que garantem o lançamento de produtos *core* (essenciais), viabilizando o acesso a uma diversidade de mercados (Prahalad e Hamel, 1990).

A partir do conceito de competências essenciais, a teoria da competição baseada em competências procura incorporar diferentes aspectos da administração estratégica, que antes eram tratados de forma independente, como, por exemplo, a combinação da perspectiva dos processos organizacionais com as perspectivas sobre dotações de recursos. A partir daí, a estrutura da indústria deixa de ser determinada apenas de forma exógena. A construção e a alavancagem de competências das empresas passam a ter um papel fundamental na evolução da indústria. Em outras palavras: o conhecimento gerencial e a capacidade de aprendizagem nas organizações passam a ser considerados os motores da mudança estratégica. No longo prazo, a sustentação da vantagem competitiva depende de uma capacidade superior para identificar, construir e alavancar novas competências. Em suma: a aprendizagem torna-se variável estratégica crítica para o sucesso organizacional.

Comparativamente às duas abordagens estratégicas anteriores, a competição baseada em competências parece ser mais eficaz na medida em que permite analisar a competição como uma disputa dinâmica entre competências, ou seja, entre empresas, buscando equilibrar duas realidades. De um lado, a dinâmica e a complexidade do mundo real; de outro, as capacidades cognitivas limitadas do homem diante do mundo. Essas competências são percebidas como multidimensionais, ou seja, dinâmicas, sistêmicas, cognitivas e holísticas.

Em primeiro lugar, as competências são dinâmicas, pois a sua alavancagem e a construção de novas competências exigem a interação entre pessoas e grupos dentro das organizações, entre empresas e fornecedores externos de recursos, entre empresas e clientes e entre organizações competitivas e organizações cooperativas.

As competências também são sistêmicas, já que as empresas funcionam como sistemas abertos que visam alcançar objetivos definidos, cujos ativos tangíveis e intangíveis são organizados sob uma lógica estratégica de realização de resultados, por meio do uso de vários processos gerenciais, incluindo a alavancagem e a construção de novas competências.

Além disso, as competências são cognitivas, na medida em que assumem características de uma disputa entre conhecimentos gerenciais para identificar as competências importantes para a organização, tornando-se foco dos objetivos organizacionais. Dadas as diferenças de cognição gerencial, há diferentes padrões de construção de competências e de atividades de alavancagem.

As competências são também holísticas, pois a medida de desempenho da empresa vai além dos indicadores financeiros. A empresa passa a ser vista como um sistema multidimensional, ao mesmo tempo quantitativo e qualitativo, tangível e intangível, humano, social e econômico. Ou seja, "para que se possa compreender o processo de construção de competências, é necessário uma visão das empresas como sistemas humano-sociais e econômicos" (Sanchez e Heene, 1996:21).

De forma geral, a ênfase integradora da teoria da competição baseada em competências pode contribuir para eliminar as lacunas existentes entre as teorias acadêmicas e as ideias praticadas pelos executivos em suas atividades de formulação e implementação de estratégias organizacionais. "Pesquisadores e gerentes devem estar engajados em processos interativos e recíprocos de construção de teoria" (Mahoney e Sanchez, 1997:46).

Para finalizar esta seção, pode-se afirmar que, embora coloque em destaque os papéis da aprendizagem e do conhecimento, a teoria da competição baseada em competências não explica como a aprendizagem ocorre ou como o conhecimento é criado e gerenciado. De forma geral, as teorias da estratégia apresentam lacunas que precisam ser preenchidas com as contribuições de novas abordagens, como a gestão por competências e a gestão do conhecimento, a serem apresentadas mais adiante, nos próximos capítulos deste livro. Antes disso, cabe destacar o papel do conhecimento como fonte de inovação e de vantagem competitiva, o que será visto a seguir.

## O contexto atual: o conhecimento como fonte de inovação e de vantagem competitiva

No atual contexto empresarial, à luz das teorias da estratégia, o desafio de ser competitivo está diretamente relacionado ao esforço de conquista e de manutenção de vantagem competitiva ao longo do tempo.

Em primeiro lugar, é importante esclarecer o que se entende por empresa e por vantagem competitiva. De um lado, a empresa pode ser vista como um conjunto de relações que cria valor, um organismo que funciona a partir de um processo permanente de aprendizagem de mão dupla, que se alimenta das transações que realiza com o ambiente, diante de uma realidade econômica essencialmente desequilibrada, incerta, imprevisível e, em muitos casos, desconhecida. Em suma, o papel das empresas é oferecer soluções para problemas do mundo real. Essas soluções são materializadas em termos de produtos e serviços e são recompensadas em termos de obtenção de receitas e geração de lucros (Leite e Vargas, 2002). De outro lado, a vantagem competitiva pode ser percebida como uma situação de superioridade, em termos de desempenho, de uma empresa em relação aos seus concorrentes. Pode-se obter vantagem competitiva por diversos meios, entre eles: a conquista de uma localização privilegiada ou de uma fonte exclusiva de matéria-prima; a existência de barreiras alfandegárias ou de proteções legais; e a obtenção de patentes sobre produtos ou processos produtivos.

Além disso, entende-se que, como ponto comum às situações de superioridade de uma empresa diante da concorrência, pode-se identificar uma condição similar à de monopólio. Isso permite à empresa um determinado grau de controle, mesmo que temporário e específico em termos de espaço, sobre a incerteza que caracteriza o ambiente empresarial. Nesse momento, entra em cena a ideia de inovação, que dá à empresa algum tipo de controle sobre a incerteza, ao mesmo tempo em que aumenta a incerteza das outras empresas que não possuem esse tipo de monopólio e, dessa forma, viabiliza a realização de intercâmbios entre a empresa e o ambiente, a um custo inferior ao enfrentado pela concorrência. Nessa perspectiva, a inovação é percebida como fator, por excelência, de vantagem competitiva, à medida que a localização privilegiada reduz a incerteza da atração de clientes, a fonte exclusiva diminui a incerteza do suprimento de matéria-prima, as restrições legais ou alfandegárias reduzem o risco de entrada de concorrentes potenciais e as patentes reduzem a incerteza da superioridade tecnológica dos produtos e serviços.

Nesse contexto, o desafio que se impõe às empresas é a transformação desse monopólio temporário, obtido por meio da inovação, em algo que se mantenha ao longo do tempo, ou seja: a conquista e a manutenção de vantagem competitiva sustentável em ambientes caracterizados pela incerteza diante do futuro. Esse desafio revela-se bastante complexo, uma vez que qualquer alteração no cenário econômico, político ou social — como, por exemplo, mudanças relacionadas ao comportamento do consumidor, aos padrões tecnológicos ou a questões legais ou ambientais, entre outras — pode tornar obsoleta qualquer tipo de vantagem competitiva pontual, específica de um determinado espaço ou momento.

A partir daí, entra em cena o conhecimento humano, aplicado no contexto empresarial visando à oferta de soluções para problemas concretos, e que não se desgasta com o uso, mas que se renova e se potencializa, o que permite a geração dinâmica de inovações. Nesse momento, deve-se ressaltar o trabalho humano como questão central num contexto em que as pessoas são percebidas como atores críticos dos processos de criação de conhecimento, aqueles agentes ativos que vão dar à empresa a sua identidade própria, na medida em que permitem à organização o estabelecimento de inúmeras combinações de competências. O conhecimento é visto aqui como uma construção social (Berger e Luckmann, 1966), que não tem vida própria e não existe sem a figura do conhecedor. Ou seja, o conhecimento é construído e reconstruído, permanentemente, a partir das interações sociais que ocorrem no mundo do trabalho, no qual seu autor, o trabalhador artesão, diante dos eventos do dia a dia, inventa e renova soluções para problemas incertos. O conhecimento é um processo constante de movimento e mudança, voltado para o futuro, na medida em que influencia a tomada de decisão e implica ação de significado relevante.

Em resumo, para a empresa ser competitiva, deve conquistar e manter vantagem competitiva ao longo do tempo. A vantagem competitiva é obtida, fundamentalmente, por meio da inovação. A inovação, por sua vez, é uma espécie de monopólio. Sua essência é o monopólio do conhecimento. O conhecimento representa o controle, mesmo que temporário, da incerteza. É construído socialmente, por atores inteligentes, por meio de processos dinâmicos de aprendizagem, a qual tem como essência a solução de problemas que decorrem de eventos incertos do mundo do trabalho e que levam as pessoas à tomada de decisões em tempo real. No limite, para ser competitiva, a empresa deve esforçar-se para fazer de cada uma de suas iniciativas uma ação inovadora.

Finalmente, a competição que se estabelece não é simplesmente por participação no mercado, nem depende de um determinado conjunto fixo de produtos ou serviços, mas sim por padrões competitivos baseados em conhecimento. Ou seja, competição por base tecnológica em termos de competências essenciais, que transcende a competição por produtos e é alimentada pela geração permanente de inovações, através de processos dinâmicos, sistêmicos e cognitivos. Essa base tecnológica, construída a partir de processos cognitivos que se alimentam das transações da empresa com o ambiente, permite a oferta contínua de soluções dinâmicas para problemas que se modificam, de forma permanente, ao longo do tempo. Isto é, são metacompetências corporativas, explicitadas pela capacidade permanente de combinar competências existentes e construir novas competências. Surge então a gestão por competências, para auxiliar as organizações em sua busca por vantagem competitiva sustentável, tema do próximo capítulo.

# 2

# A gestão por competências

Para fazer frente ao contexto relatado no capítulo anterior, contexto este caracterizado por constantes transformações no ambiente empresarial, são comuns as tentativas de identificar modelos de gestão mais eficazes, fontes de vantagem competitiva e mecanismos para promover, de forma sustentada, o desenvolvimento organizacional.

Nessa conjuntura, a gestão por competências[1] figura como alternativa aos modelos gerenciais tradicionalmente utilizados pelas organizações (Brandão e Guimarães, 2001). Tendo como pressuposto que o domínio de certas competências — aquelas

[1] Embora neste livro se utilize a expressão "gestão por competências" para denominar esse modelo de gestão, muitos autores adotam denominações diferentes para expressar concepções semelhantes. É comum na literatura sobre o assunto, por exemplo, a utilização de termos como "gestão de competências", "gestão baseada em competências", "gestão de desempenho baseada em competências" e "gestão de pessoas baseada em competências", que, apesar das diferenças de ordem semântica, representam essencialmente a mesma ideia. Para efeito deste livro, optou-se por utilizar a denominação "gestão por competências" porque a partícula "por", quando utilizada na formação de adjuntos, indica fim, propósito, destino, desejo. Assim, a expressão "gestão por competências" inspira a ideia de que o esforço gerencial tem como propósito alavancar, desenvolver, mobilizar competências, conforme sugerido por Le Boterf (1999).

raras, valiosas, difíceis de serem desenvolvidas — confere à organização um desempenho superior ao de seus concorrentes, essa abordagem busca direcionar esforços para desenvolver competências fundamentais à consecução dos objetivos organizacionais (Durand, 2000; Prahalad e Hamel, 1990).

Neste capítulo, você poderá examinar os pressupostos, processos e características da gestão por competências. Serão abordados tópicos como o conceito de competência, a certificação de competências e a gestão de pessoas por competências, entre outros.

## O conceito de competência: competências humanas e organizacionais

No final da Idade Média, o termo competência pertencia essencialmente à linguagem jurídica. Dizia respeito à faculdade atribuída a alguém ou a uma instituição para apreciar e julgar certas questões. Por extensão, o termo veio a designar o reconhecimento social sobre a capacidade de alguém pronunciar-se a respeito de determinado assunto e, mais tarde, passou a ser utilizado também para qualificar o indivíduo capaz de realizar certo trabalho (Brandão e Guimarães, 2001; Isambert-Jamati, 1997).

No início do século passado, o termo competência foi incorporado à linguagem organizacional, sendo utilizado para qualificar a pessoa capaz de desempenhar eficientemente determinado papel. A partir da década de 1970, o interesse pelo assunto estimulou o debate teórico e a realização de pesquisas. Muitos autores procuraram criar definições próprias para o termo, chamando a atenção para variados aspectos da competência. Gilbert (1978), por exemplo, um dos primeiros a discutir a utilização desse conceito, ressalta que a competência humana é expressa em função do desempenho da pessoa no trabalho, o que envolve não apenas o comportamento que o indivíduo adota, mas também suas conseqüências, no tocante a realizações.

A frequente utilização do termo competência no campo da gestão organizacional fez com que este adquirisse variadas conotações, sendo, não raras vezes, empregado de diferentes maneiras, conforme relatam Brandão e Guimarães (2001) e McLagan (1997). É possível, no entanto, perceber a existência de duas grandes correntes, conforme sugere Dutra (2004). A primeira, representada sobretudo por autores norte-americanos (Boyatzis, 1982, e McClelland, 1973, por exemplo), entende a competência como um estoque de qualificações (conhecimentos, habilidades e atitudes) que credencia a pessoa a exercer determinado trabalho. A segunda, representada principalmente por autores franceses (Le Boterf, 1999, e Zarifian, 1999, por exemplo), associa a competência não a um conjunto de qualificações do indivíduo, mas sim às realizações da pessoa em determinado contexto, ou seja, àquilo que ela produz ou realiza no trabalho (Dutra, 2004).

Com base nas proposições dos referidos autores, procurou-se aqui definir competência a partir da junção de concepções dessas duas correntes, adotando-se uma perspectiva integradora. A competência, então, é aqui entendida não apenas como o conjunto de conhecimentos, habilidades e atitudes necessários para exercer determinada atividade, mas também como o desempenho expresso pela pessoa em um dado contexto, em termos de comportamentos e realizações decorrentes da mobilização e aplicação de conhecimentos, habilidades e atitudes no trabalho. Dessa forma, para efeito deste livro, entendem-se competências humanas como combinações sinérgicas de conhecimentos, habilidades e atitudes, expressas pelo desempenho profissional dentro de determinado contexto organizacional, que agregam valor a pessoas e organizações. Concepções como essa parecem possuir aceitação mais ampla, tanto no meio acadêmico quanto no ambiente organizacional, na medida em que consideram as diversas dimensões do trabalho (cognitiva, psicomotora e afetiva), assim como associam a competência ao desempenho, como âmbito de um contexto ou estratégia organizacional (Brandão e Borges-Andrade, 2007).

Nessa perspectiva, então, as competências humanas são reveladas quando as pessoas agem ante as situações profissionais com as quais se deparam (Zarifian, 1999) e servem como ligação entre os atributos individuais e a estratégia da organização. Assim, agregam valor econômico e valor social a indivíduos e a organizações, na medida em que contribuem para a consecução de objetivos organizacionais e expressam o reconhecimento social sobre a capacidade das pessoas, conforme ilustra a figura 1.

Figura 1

**COMPETÊNCIAS COMO FONTE DE VALOR PARA O INDIVÍDUO E A ORGANIZAÇÃO**

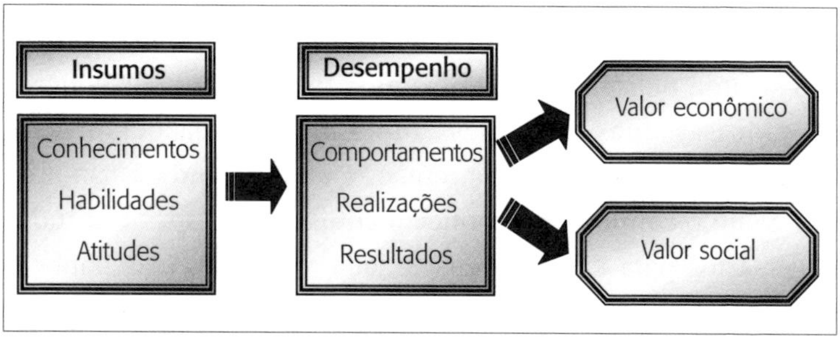


Fonte: Fleury e Fleury (2001), com adaptações.

A figura 1, então, mostra que uma competência resulta da mobilização, por parte do indivíduo, de uma combinação de recursos ou insumos. E a pessoa expressa a competência quando gera um resultado no trabalho, decorrente da aplicação conjunta de conhecimentos, habilidades e atitudes — os três recursos ou dimensões da competência.

O conhecimento corresponde a informações que, ao serem reconhecidas e integradas pelo indivíduo em sua memória, causam impacto sobre seu julgamento ou comportamento. Refere-se ao saber que a pessoa acumulou ao longo de sua vida, algo relacionado à lembrança de conceitos, ideias ou fenômenos (Bloom et al., 1979; Davis e Botkin, 1994). A habilidade está relacionada à aplicação produtiva do conhecimento, ou seja, à capacidade da pessoa de instaurar conhecimentos armazenados em sua memória e utilizá-los em uma ação. Gagné e colaboradores (1988) destacam que as habilidades podem ser classificadas como *intelectuais*, quando abrangerem essencialmente processos mentais de organização e reorganização de informações, e como *motoras* ou *manipulativas*, quando exigirem fundamentalmente uma coordenação neuromuscular. A atitude, por sua vez, refere-se a aspectos sociais e afetivos relacionados ao trabalho (Durand, 2000). Diz respeito a um sentimento ou à predisposição da pessoa, que influencia sua conduta em relação aos outros, ao trabalho ou a situações.

Seguindo ainda o diagrama disposto na figura 1, pode-se observar que a aplicação sinérgica de conhecimentos, habilidades e atitudes no trabalho — além de evidenciar a interdependência e a complementaridade entre esses três elementos — gera um desempenho profissional. Esse desempenho, por sua vez, é expresso pelos comportamentos que a pessoa manifesta no trabalho e pelas suas consequências, em termos de realizações e resultados.

Na indústria de serviços, por exemplo, é muito comum exigir-se do empregado a manifestação do seguinte comportamento: "atender o cliente com receptividade e cortesia, considerando suas expectativas e características". Ora, para que possa prestar um atendimento de excelência ao cliente, é necessário que o empregado mobilize conhecimentos sobre os serviços da empresa, rotinas e processos de trabalho, habilidade para comunicar-se de forma clara e argumentar com o cliente, assim como predisposição (atitude) positiva diante do cliente, manifestando receptividade e cortesia. Sem algum desses três elementos (conhecimentos, habilidades e atitudes), o comportamento não poderia ser expresso pelo atendente. Ao manifestar esse comportamento no trabalho, por sua vez, o atendente teria como consequência realizações ou resultados, como, por exemplo, a conquista de novos clientes ou a elevação do percentual de clientes muito satisfeitos com os serviços da empresa.

As competências humanas são descritas por alguns autores (Santos, 2001; Whiddett e Hollyforde, 1999) mediante a utilização de pautas ou referenciais de desempenho, de forma que o profissional demonstraria deter uma dada competência por meio da adoção de certos comportamentos passíveis de observação no trabalho, conforme mostra o quadro 1.

Quadro 1

**EXEMPLOS DE DESCRIÇÃO DE COMPETÊNCIAS SOB A FORMA DE REFERENCIAIS DE DESEMPENHO (COMPORTAMENTOS OBSERVÁVEIS NO TRABALHO)**

| Competência | Descrição (referenciais de desempenho) |
|---|---|
| Orientação para resultados | ❑ Implementa ações para incrementar o volume de negócios.<br>❑ Avalia com precisão os custos e benefícios das oportunidades negociais.<br>❑ Utiliza indicadores de desempenho para avaliar os resultados alcançados.<br>❑ Elabora planos para atingir as metas definidas. |
| Trabalho em equipe | ❑ Compartilha com seu grupo os desafios a enfrentar.<br>❑ Mantém relacionamento interpessoal amigável e cordial com os membros de sua equipe.<br>❑ Estimula a busca conjunta de soluções para os problemas enfrentados pela equipe.<br>❑ Compartilha seus conhecimentos com os membros da equipe. |

Fonte: Santos (2001), com adaptações.

Outros autores (Brandão et al., 2001; Bruno-Faria e Brandão, 2003), por opção metodológica, descrevem os recursos ou dimensões da competência, ou seja, os conhecimentos, habilidades e atitudes que se pressupõem sejam necessários para que a pessoa possa apresentar determinado desempenho no trabalho, conforme mostra o quadro 2.

Quadro 2
**EXEMPLOS DE RECURSOS OU DIMENSÕES DA COMPETÊNCIA "PRESTAR UM ATENDIMENTO BANCÁRIO BASEADO EM PADRÕES DE EXCELÊNCIA"**

| Dimensão da competência | Descrição |
|---|---|
| Conhecimentos | ❑ Princípios de contabilidade e finanças.<br>❑ Produtos e serviços bancários.<br>❑ Princípios de relações humanas. |
| Habilidades | ❑ Aptidão para operar computadores, periféricos e outros recursos tecnológicos.<br>❑ Habilidade para argumentar de maneira convincente. |
| Atitudes | ❑ Predisposição para a tomada de iniciativa (proatividade).<br>❑ Respeito à privacidade do cliente.<br>❑ Predisposição para aprimorar-se continuamente. |

Fonte: Brandão, Guimarães e Borges-Andrade (2001), com adaptações.

Em geral, a adoção de um ou outro critério para descrição de competências ocorre em razão do uso que se pretende dar à descrição. Quando utilizadas em instrumentos de avaliação do desempenho no trabalho, por exemplo, as competências são descritas sob a forma de comportamentos passíveis de observação (referenciais de desempenho), para que o avaliador possa mensurar o desempenho do avaliado a partir dos comportamentos que este adota no trabalho. Quando utilizadas na formulação de ações de treinamento, por sua vez, então faz-se necessário descrever não apenas os comportamentos desejados (referenciais de desempenho), os quais constituirão os objetivos instrucionais do treinamento, mas também os conhecimentos, habilidades e atitudes correspondentes, os quais constituirão os conteúdos educacionais a serem ministrados.

Embora até aqui se tenha tratado da competência como um atributo relacionado a um indivíduo, é possível associar esse conceito não apenas a pessoas, mas também a equipes de trabalho ou mesmo a organizações. Zarifian (1999) sustenta que não se deve desconsiderar a perspectiva da equipe no processo produtivo, de forma que uma competência pode ser um atributo associado a um grupo de trabalho, e não apenas a um de seus membros. Isso porque, em razão das relações sociais que se estabelecem no grupo e da sinergia entre as competências de seus membros, em cada equipe de trabalho se manifesta uma competência coletiva, que representa mais do que a simples soma de competências individuais (Le Boterf, 1999).

Prahalad e Hamel (1990), por sua vez, tratam do conceito no nível organizacional, referindo-se à competência como uma capacidade da organização que a torna eficaz, permitindo a consecução de seus objetivos estratégicos. Para esses autores, competências organizacionais essenciais são atributos da organização que conferem vantagem competitiva a ela, geram valor distintivo percebido pelos clientes e são difíceis de ser imitadas pela concorrência. A capacidade de miniaturização da Sony, fabricante de eletrônicos, e o *design* de motores leves e eficientes da Honda, fabricante de automóveis e motocicletas, são exemplos de competência organizacional citados por esses autores. No Brasil, a capacidade de geoprocessamento da Embrapa (Guimarães et al., 2006), a inovação na concepção e produção de aviões comerciais da Embraer (Fleury e Fleury, 2001) e a capacidade de exploração de petróleo em águas profundas da Petrobras também são exemplos comumente mencionados de competências organizacionais.

É possível, então, classificar as competências como humanas — também denominadas individuais ou profissionais (aquelas relacionadas a pessoas, no nível individual) — e organizacionais (aquelas que se referem a atributos ou capacidades da organização em sua totalidade ou de suas unidades produtivas), cabendo ressaltar que um nível influencia o outro e vice-versa, de tal forma que as competências humanas afetam as competências organizacionais e ao mesmo tempo são influenciadas por estas (Brandão e Guimarães, 2001).

Dependendo da abordagem teórica adotada ou da finalidade a que se destina, existem diversas outras tipologias e possibilidades de classificação das competências. Em razão da natureza do papel ocupacional desempenhado pelas pessoas, por exemplo, as competências humanas podem ser classificadas como técnicas e gerenciais, como sugere Cockerill (1994). Em razão de sua singularidade, as competências organizacionais podem ser classificadas como básicas (aquelas que representam atributos necessários ao funcionamento da organização, mas não distintivos em relação à concorrência) e essenciais (aquelas que representam atributos de caráter distintivo, que diferenciam a organização das demais), conforme sugere Nisembaum (2000). E quanto à sua relevância ao longo do tempo, conforme proposto por Sparrow e Bognanno (1994), as competências podem ser classificadas como emergentes (aquelas cujo grau de importância tende a crescer no futuro), declinantes (aquelas cujo grau de importância tende a diminuir no futuro), estáveis (as que permanecem relevantes ao longo do tempo) e transitórias (aquelas que se fazem importantes apenas em momentos críticos, crises e transições).

A gestão por competências, como você poderá observar a seguir, propõe-se a alinhar esforços para que as competências humanas possam gerar e sustentar as competências organizacionais necessárias à consecução dos objetivos estratégicos da organização.

## A gestão por competências: da estratégia ao desempenho

Muitas empresas têm adotado a gestão por competências como modelo de gestão, visando orientar seus esforços para planejar, captar, desenvolver e avaliar, nos diferentes níveis da organização (individual, grupal e organizacional), as competências necessárias à consecução de seus objetivos. Brandão e Guimarães (2001), ao analisarem os pressupostos e aplicações da gestão por competências, apresentam o diagrama reproduzido na figura 2 para ilustrar as principais etapas ou fases desse modelo. É bom lembrar que todo modelo, por essência, é simplificador, de modo que o diagrama apresentado não tem a pretensão de esgotar as atividades e interações relativas à gestão por competências, mas sim expor, de forma resumida, a lógica de funcionamento desse modelo.

De acordo com esses autores (Brandão e Guimarães, 2001), trata-se de um processo contínuo, que tem como etapa inicial a formulação da estratégia da organização, oportunidade em que são definidos sua missão, sua visão de futuro e seus objetivos estratégicos. Missão organizacional é o propósito principal ou a razão pela qual uma organização existe. Visão diz respeito ao estado futuro desejado pela organização, ou seja, aquilo que ela deseja ser em um futuro próximo. Os objetivos estratégicos, por sua vez, representam os desígnios a atingir, isto é, a situação a ser buscada pela organização em um dado período de tempo. Em seguida, em razão dos objetivos estratégicos estabelecidos, seria possível definir indicadores de desempenho no nível corporativo e metas, assim como identificar as competências necessárias para concretizar o desempenho esperado.

Figura 2

**MODELO DE GESTÃO POR COMPETÊNCIAS**

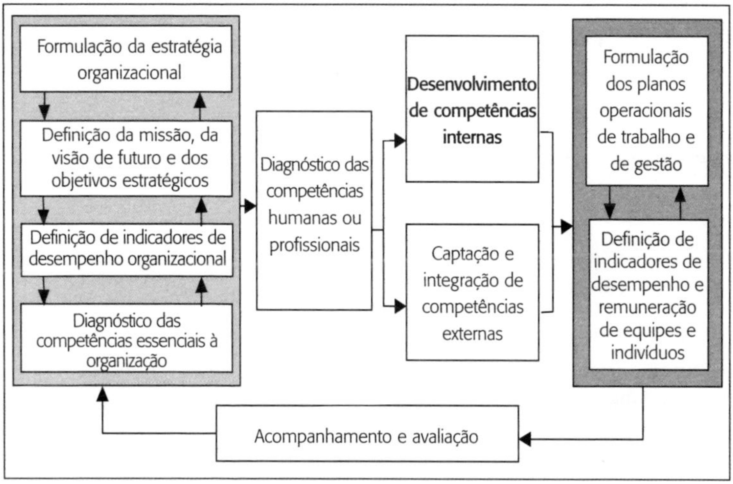


Fonte: Guimarães et al. (2001), com adaptações.

Suponha que determinada organização, por exemplo, tivesse, como componente da sua visão de futuro, o "reconhecimento dos consumidores pela excelência de seus produtos e serviços". Para que tal visão de futuro possa ser concretizada em um dado período de tempo, é relevante estabelecer o objetivo estratégico de "elevar o grau de satisfação dos clientes em relação aos produtos e serviços oferecidos pela empresa". A partir daí, seria possível definir, como indicadores de desempenho relacionados a esse objetivo estratégico, o percentual de produtos entregues dentro do prazo acordado com o cliente (pontualidade das entregas) e o percentual de clientes muito satisfeitos com os produtos e serviços da empresa, os quais representariam medidas de eficiência e eficácia das ações a serem adotadas pela empresa para concretizar sua visão de futuro. As metas, então, poderiam hipoteticamente ser definidas como "elevar de 91% para 95% o percentual de produtos entregues no prazo, e de 57% para 65% o percentual de clientes muito satisfeitos".

Em seguida, realiza-se o diagnóstico ou mapeamento das competências (organizacionais e humanas), ou seja, identifica-se o *gap*, ou lacuna, existente entre as competências necessárias ao alcance do desempenho esperado e as competências já disponíveis na organização, conforme ilustra a figura 3.

Figura 3

**IDENTIFICAÇÃO DO *GAP* (LACUNA) DE COMPETÊNCIAS**

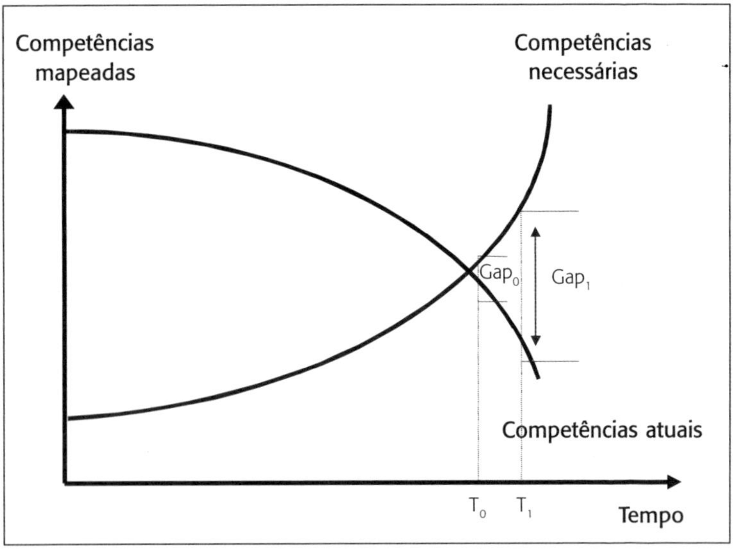


Fonte: Ienaga, apud Brandão e Guimarães (2001), com adaptações.

Esse mapeamento pode ser subsidiado por questões como, por exemplo: para elevar o percentual de produtos entregues no prazo e o percentual de clientes muito satisfeitos, que competências os profissionais da empresa devem possuir? O desempenho deles no trabalho expressa o domínio dessas competências? Qual a discrepância entre as competências necessárias e as competências existentes na organização? A discussão sobre essas questões, associada à utilização de instrumentos gerenciais específicos, conforme será discutido adiante, no próximo tópico, permite não apenas a identificação do *gap* de competências, mas também o planejamento de ações de captação e de desenvolvimento de competências que permitam à organização minimizar essa lacuna.

É importante ressaltar que, na ausência de ações de captação ou desenvolvimento por parte da organização, esse *gap* tende a crescer, conforme sugere a figura 3. Isso porque a dinâmica e a complexidade do ambiente no qual as organizações estão inseridas fazem com que sejam exigidas novas competências, o que tende a elevar a curva representativa das competências necessárias para a concretização da estratégia organizacional. A outra curva, que representa as competências atuais disponíveis na organização, pode tender ao declínio, caso tais competências se tornem obsoletas com o passar do tempo. É fundamental, portanto, realizar periodicamente o mapeamento e planejar a captação e o desenvolvimento de competências.

A captação diz respeito à seleção de competências externas e sua integração ao ambiente organizacional, que pode dar-se, no nível individual, por intermédio de ações de recrutamento e seleção de pessoas e, no nível organizacional, por meio de *joint-ventures* ou alianças estratégicas (Brandão e Guimarães, 2001). Retornando ao exemplo anterior, suponha que a organização tivesse definido como meta "elevar de 57% para 65% o percentual de clientes muito satisfeitos". Seria fundamental, então, que seus funcionários fossem capazes de "atender o cliente com receptividade e cortesia, considerando suas expectativas e características". Esse comportamento — de prestar um atendimento com receptividade e cortesia — representaria uma competência humana, que teria como consequência esperada a elevação do nível de satisfação do cliente. As ações de captação, nesse contexto, deveriam recair sobre o recrutamento, a seleção e a admissão de pessoas[2] que possuíssem tal competência.

O desenvolvimento, por sua vez, refere-se ao aprimoramento das competências internas disponíveis na organização, que ocorre, no nível individual, por meio da aprendizagem e, no nível organizacional, por intermédio de investimentos em pesquisa (Brandão e Guimarães, 2001). A aprendizagem, seja ela individual ou coletiva, natural ou induzida, constitui o meio pelo qual são desenvolvidas as competências humanas, enquanto o desempenho da pessoa no trabalho representa uma manifestação da sua competência, ou seja, uma expressão daquilo que a pessoa aprendeu. Ainda recorrendo ao exemplo anterior, se os funcionários da organização necessitassem ser capazes de "atender o cliente com receptividade e cortesia, considerando suas expectativas e características" — para que seja possível elevar o grau de satisfação do cliente —, as ações de aprendizagem disponibilizadas pela organização deveriam ter o desenvolvimento dessa competência como um objetivo instrucional.

Segundo Brandão e colaboradores (2001:68), "essas etapas permitiriam a formulação de planos operacionais e de gestão e dos respectivos indicadores de desempenho e de remuneração de equipes e indivíduos". Finalmente, há uma etapa de acompanhamento e avaliação, que funciona como mecanismo de *feedback*, ou retroalimentação, dentro de uma abordagem sistêmica, à medida que os resultados alcançados são comparados com aqueles que eram esperados.

Nesta última etapa, monitora-se a execução de planos operacionais e de gestão e respectivos indicadores de desempe-

---

[2] Sobre recrutamento e seleção, ver Faissal et al. (2005).

nho, visando identificar e corrigir eventuais desvios. No final do ciclo de produção, são apurados os resultados alcançados e comparados com aqueles que eram esperados, dentro de um processo de gestão do desempenho. Nessa oportunidade é que se verifica se as ações adotadas pela organização foram eficazes no sentido de promover a captação e/ou o desenvolvimento da competência de "atender o cliente com receptividade e cortesia, considerando suas expectativas e características". Avalia-se também se essa competência teve como decorrência a "elevação de 57% para 65% do percentual de clientes muito satisfeitos", como era esperado. Essa fase retroalimenta o sistema, na medida em que gera informações que subsidiam as demais etapas do processo.

É possível perceber, então, a relação de interdependência existente entre a gestão por competências e a gestão de desempenho, até porque o desempenho expressa, em última instância, a competência de pessoas, equipes e organizações. É necessário, portanto, a aplicação concomitante dos pressupostos e processos subjacentes a essas duas tecnologias de gestão, visando integrar e direcionar esforços em torno de objetivos e metas organizacionais. Mais do que tecnologias distintas ou independentes, a gestão por competências e a gestão de desempenho complementam-se em um contexto mais amplo de gestão organizacional, conforme avaliam Brandão e Guimarães (2001).

A seguir serão expostos os principais métodos, técnicas e instrumentos geralmente utilizados para mapeamento de competências, processo fundamental para realizar um diagnóstico acurado das competências relevantes à organização.

## Mapeamento de competências: métodos, técnicas e instrumentos

Como comentado, o mapeamento tem como propósito identificar o *gap*, ou lacuna, de competências, ou seja, a discrepância entre as competências necessárias para concretizar a estratégia corporativa e as competências internas existentes na organização. O passo inicial desse processo consiste em identificar as competências (organizacionais e humanas) necessárias para a consecução dos objetivos da organização. Para essa identificação, geralmente é realizada primeiro uma pesquisa documental, que inclui a análise do conteúdo da missão, da visão de futuro, dos objetivos institucionais e de outros documentos relativos à estratégia da organização. Depois, realiza-se a coleta de dados com pessoas-chave da organização, geralmente especialistas ou membros da diretoria, para que tais dados sejam cotejados com a análise documental, conforme proposto por Bruno-Faria e Brandão (2003). Podem ser utilizados, ainda, outros métodos e técnicas de pesquisa social, como, por exemplo, observação (participante ou não participante), grupos focais e questionários estruturados, como sugerem Brandão e Erly (2005), Guimarães e colaboradores (2001) e Santos (2001).

Antes de abordar as principais técnicas utilizadas, no entanto, é importante comentar alguns cuidados metodológicos que devem ser observados para descrição de competências. Parece mais indicado descrever competências humanas sob a forma de referenciais de desempenho, ou seja, de comportamentos passíveis de observação no ambiente de trabalho, pois, como comentado, o desempenho representa uma expressão, uma manifestação da competência.

É importante, então, que os comportamentos descritos para representar competências sejam objetivos e passíveis de observação no trabalho, indicando às pessoas o desempenho esperado. Quando a descrição não é clara nem objetiva, as pessoas tendem a dar a cada competência a interpretação que melhor lhes convém.

A descrição de uma competência, portanto, representa um desempenho ou comportamento esperado, indicando o que o profissional deve ser capaz de fazer. Esse comportamento é descrito utilizando-se um verbo e um objeto de ação,[3] como, por exemplo, "Resolve problemas de álgebra". A ele pode ser acrescida, sempre que possível e conveniente, uma condição na qual se espera que o desempenho ocorra, como, por exemplo, "Resolve problemas de álgebra, sem utilizar calculadoras". Pode-se incluir, ainda, um critério que indique um padrão de qualidade ou o nível de desempenho considerado satisfatório, como, por exemplo, "Resolve problemas de álgebra, cada um deles em menos de 10 minutos e com exatidão". No quadro 3, você pode observar outros exemplos.

Quadro 3

**EXEMPLOS DE CONDIÇÕES E CRITÉRIOS DE QUALIDADE ASSOCIADOS A COMPETÊNCIAS HUMANAS**

| Comportamento (verbo + objeto da ação) | Critério | Condição |
|---|---|---|
| Edita textos | Sem erros de digitação | Utilizando o aplicativo Word |
| Comunica-se com os clientes | De forma clara e objetiva | Utilizando diferentes veículos de comunicação (telefone, fax, internet) |
| Realiza análises financeiras | Com acurácia | Utilizando modelos de mensuração de riscos de empresas e projetos |

Na descrição de competências, é importante evitar:[4]

- a construção de descrições muito longas e com múltiplas ideias que dificultem a compreensão das pessoas, como "de-

[3] Estes procedimentos e exemplos foram sugeridos por Mager (1990) para a formulação de objetivos instrucionais, mas se aplicam à descrição de competências.

[4] Essas recomendações foram elaboradas com base nas proposições de Mager (1990), acerca da formulação de objetivos instrucionais, e de Rocha e Christensen (1997), Viegas (1999) e Richardson et al. (1999), sobre a construção de instrumentos de pesquisa. Sugestões semelhantes podem ser encontradas também em Brandão e Bahry (2005).

senvolve, sugere e implementa soluções que atendam às necessidades da organização, assumindo riscos, conciliando interesses e responsabilizando-se por compromissos assumidos, a fim de obter melhores resultados";

- ambiguidades, como "implementa modelos de gestão bem-sucedidos em outras organizações";
- irrelevâncias e obviedades, como "coordena reuniões *que são marcadas*";
- duplicidades, como "soluciona problemas de forma *criativa e original*";
- abstrações, como "*pensa o ainda não pensado*, sugerindo ideias que resolvam conflitos";
- a utilização de verbos que não expressem uma ação concreta, ou seja, que não representem comportamentos passíveis de observação no trabalho, como, por exemplo, saber, apreciar, acreditar, entender, pensar, conhecer e internalizar, entre outros.

Para obter boas descrições de competências, sugere-se:[5]

- utilizar verbos que expressem uma ação concreta, ou seja, que representem comportamentos passíveis de observação no ambiente de trabalho, como, por exemplo, analisar, organizar, selecionar, comunicar, avaliar, estabelecer, elaborar, desenvolver e formular, entre outros;
- submeter as descrições das competências à crítica de pessoas-chave da organização, visando identificar inconsistências e inadequações;
- realizar validação semântica[6] das competências descritas, visando garantir que todos os funcionários compreendam da mesma forma o comportamento descrito.

---

[5] Essas sugestões foram elaboradas com base nas proposições de Mager (1990) e Bruno-Faria e Brandão (2003).

[6] Esse procedimento consiste em entrevistar funcionários com diferentes características (gênero, idade, nível de escolaridade, cargo exercido etc.), objetivando identificar

Feitas essas considerações sobre a descrição de competências, é possível, então, discutir as principais técnicas de pesquisa e procedimentos utilizados para identificar competências relevantes à consecução dos objetivos organizacionais. Conforme comentado, geralmente primeiro é realizada uma análise dos documentos que compõem o planejamento estratégico da organização. Essa análise de conteúdo da estratégia organizacional, realizada por meio da interpretação dos textos presentes no documento, visa identificar categorias, descrever objetivamente o conteúdo de mensagens e levantar indicadores que permitam fazer inferências a respeito de competências relevantes para a concretização dos objetivos da organização, conforme sugerido por Guimarães e colaboradores (2001). Embora a estratégia organizacional geralmente seja o principal documento analisado, outros materiais, tais como regimentos, estatutos, relatórios de gestão e pareceres técnicos, também podem subsidiar esse levantamento.

A entrevista constitui outra técnica de pesquisa bastante aplicada ao mapeamento de competências. Geralmente é utilizada para cotejar a percepção dos entrevistados com os dados apurados na análise documental, visando identificar as competências relevantes à organização.

Nesse caso, o entrevistador seleciona as pessoas a serem entrevistadas entre aquelas que possuem maior conhecimento da estratégia, dos negócios, dos produtos, dos processos e da cultura da organização. Depois, formula um roteiro de perguntas e agenda as entrevistas. Ao iniciar a coleta de dados, o entrevistador deve expor ao respondente os objetivos do trabalho e a importância de sua colaboração, bem como garantir o anonimato para quaisquer declarações, dando caráter pacífico e cooperativo à entrevista. Como a falta de confiança tem efeitos

e corrigir eventuais incorreções, falhas, itens sugestivos e ambiguidades, para garantir que as descrições dos comportamentos sejam bem-compreendidas pelas pessoas a que se destinam. Ver Pasquali (1997).

negativos sobre a entrevista, deve-se valorizar a participação do respondente, aceitar e respeitar seus pontos de vista, buscar uma relação de empatia e evitar a tendência de projetar no interlocutor suas ideias e sentimentos, conforme descrito por Lodi (1991).

Podem compor o roteiro da entrevista questões como, por exemplo: Que competências profissionais você julga relevantes para a consecução dos objetivos organizacionais? Para que a organização consiga concretizar sua estratégia, os funcionários devem ser capazes de quê? Como você reconhece um desempenho competente? O que caracteriza um funcionário competente?

É recomendável gravar os depoimentos e registrar notas que facilitem a compreensão das respostas. Findas as entrevistas, as respostas devem ser transcritas e analisadas, conforme recomendado por Richardson e colaboradores (1999), visando identificar e descrever, de forma objetiva e sistemática, as competências mencionadas pelos entrevistados como relevantes à organização. Na análise do conteúdo das entrevistas, interpreta-se o discurso do entrevistado, procurando identificar aspectos subjacentes às respostas.

É importante, ainda, verificar a frequência com que cada competência é mencionada nas entrevistas, visto que, em investigações dessa natureza, o número de menções realizadas a respeito de determinado item é um indicativo de sua relevância. Exemplos de adoção desses procedimentos podem ser encontrados em Brandão, Guimarães e Borges-Andrade (2002), que utilizaram entrevistas individuais para mapear competências emergentes na indústria bancária.

Quando nem o pesquisador nem os profissionais objetos do estudo dispõem de tempo para entrevistas individuais, uma alternativa é realizar uma espécie de entrevista coletiva, também denominada grupo focal ou *focus group*. Em um grupo focal, o entrevistador atua como um moderador, estimulando e coordenando a discussão dos participantes a respeito de determinado tema, a fim de obter os dados desejados.

De acordo com Mattar (1996), os grupos devem possuir entre oito e 12 participantes, pois um número superior a esse pode dificultar a expressão de todos os componentes, enquanto um número inferior de participantes pode não gerar ideias ou manifestações suficientes. É recomendável, também, que os participantes do grupo tenham características demográficas e socioeconômicas semelhantes, para que haja identificação e integração entre eles, facilitando a discussão (Mattar, 1996).

A exemplo do que ocorre na entrevista individual, o entrevistador deve formular um roteiro de perguntas, assim como definir os procedimentos para registro dos dados, o tamanho e a composição do grupo. É importante, ainda, que a reunião ocorra em ambiente agradável, que estimule a informalidade e a participação das pessoas. Para mapeamento de competências, a discussão realizada pelo grupo deve ser transcrita e analisada, visando identificar as competências mencionadas pelos entrevistados como relevantes à organização.

Para identificar o comportamento competente dentro de determinado ambiente de trabalho, o pesquisador pode optar também pela observação. Essa técnica constitui-se em um exame detalhado do fenômeno ou objeto estudado, ou seja, neste caso, das competências relevantes ao trabalho de indivíduos e equipes.

Segundo Viegas (1999) e Mattar (1996), a observação pode ser do tipo participante, quando o investigador se coloca no mesmo nível das pessoas que compõem o fenômeno estudado, atuando como se fosse um integrante da equipe de trabalho. Pode, ainda, ser do tipo não participante, quando o observador não toma parte do objeto do estudo, como se fosse um membro do grupo estudado, atuando apenas como um espectador do fenômeno.

Uma das principais vantagens da observação, no processo de mapeamento de competências, refere-se à possibilidade de o investigador verificar detalhes do desempenho de pessoas e equipes, identificando dados que poderiam ser omitidos pelos elementos pesquisados, caso a coleta fosse realizada por meio de entrevistas ou questionários. A atualização dessa técnica, no entanto, demanda mais tempo, mais recursos e muito mais preparo por parte do pesquisador.

O questionário, por sua vez, talvez seja a técnica de pesquisa mais utilizada para realizar o mapeamento de competências relevantes a determinado contexto ou estratégia organizacional. A formatação desse instrumento de pesquisa geralmente exige a aplicação prévia de uma ou mais das técnicas já relatadas (análise documental, observação, entrevista e grupo focal), com o objetivo de identificar elementos para compor os itens do questionário.

Nesse caso, o pesquisador identifica, por meio de análise documental, observação ou entrevistas, competências supostamente relevantes para a organização. Depois, ordena e edita tais competências — as quais deverão compor os itens do instrumento —, eliminando aquelas que representam ambiguidades, duplicidades e irrelevâncias, conforme descrito por Brandão e colaboradores (2001). Para elaboração dos enunciados e itens do questionário, Rocha e Christensen (1997), Viegas (1999) e Richardson e coautores (1999) recomendam evitar a utilização de frases longas ou com múltiplas ideias, bem como de expressões técnicas, ambíguas, extremadas ou negativas.

O passo seguinte consiste em definir a escala mais adequada para os respondentes do questionário avaliarem o grau de importância das competências. Brandão e colaboradores (2001), por exemplo, utilizaram uma escala do tipo diferencial semântico, também conhecida como escala tipo Osgood, que utiliza adjetivos de significados opostos em seus extremos. Neste caso, o enunciado do questionário poderia ter formato semelhante ao proposto por esses autores, como mostra o quadro 4.

Quadro 4
**MODELO DE QUESTIONÁRIO**

| Por favor, considerando os atuais objetivos estratégicos da organização em que você trabalha, assinale um número de *um* a *seis*, na escala à direita de cada item, a fim de indicar o quão importante você considera cada uma das competências a seguir relacionadas. Lembre-se: quanto mais próximo do número *um* você se posicionar, *menor* o grau de importância da competência, e quanto mais próximo do número *seis* você se posicionar, *maior* o grau de importância. | |
|---|---|
| **Competências** | **Escala — graus de importância** |
| Identifica oportunidades negociais a partir do conhecimento do comportamento do consumidor. | Nem um pouco importante ① ② ③ ④ ⑤ ⑥ Extremamente importante |
| Implementa ações de comunicação interna para estimular o desenvolvimento profissional. | Nem um pouco importante ① ② ③ ④ ⑤ ⑥ Extremamente importante |
| Comunica-se, na forma oral e escrita, com clareza e objetividade. | Nem um pouco importante ① ② ③ ④ ⑤ ⑥ Extremamente importante |

Outra alternativa é utilizar uma escala tipo Likert para avaliar o grau de importância das competências relacionadas no questionário. Enquanto na escala tipo Osgood apenas os pontos extremos da escala recebem rótulos (1 – Nem um pouco importante e 6 – Extremamente importante, no caso do exemplo dado), na escala tipo Likert todos os pontos recebem rótulos específicos, como, por exemplo: 1 – Nada importante; 2 – Pouco importante; 3 – Razoavelmente importante; 4 – Muito importante; 5 – Totalmente importante.

Independentemente da escala de avaliação utilizada, é fundamental realizar uma validação semântica do questionário antes de sua aplicação, conforme proposto por Pasquali (1997), visando verificar se o enunciado, a escala e os itens do instrumento são inteligíveis aos respondentes. Para realizar essa análise, Brandão e colaboradores (2001), por exemplo, aplicaram o questionário a uma pequena amostra e depois entrevistaram os respondentes, procurando identificar eventuais dificuldades de resposta, falhas ou incorreções nos questionários, eliminar ambiguidades e itens sugestivos, a fim de assegurar a compreensão dos itens e da escala por parte da população a que se destina o instrumento.

Se essa população for heterogênea, é importante ainda que a amostra utilizada para validação semântica seja composta por pessoas de diferentes formações e graus de escolaridade, como observado por Bruno-Faria e Brandão (2003). Realizados eventuais ajustes ou correções no instrumento de pesquisa, o pesquisador deve, finalmente, aplicar os questionários a uma amostra maior, que seja representativa da população pesquisada, observadas as recomendações de Richardson e colaboradores (1999) e Viegas (1999) a respeito do cálculo do tamanho da amostra.

Até aqui, fizeram-se referências à aplicação de métodos e técnicas de pesquisa para identificar competências necessárias a contextos ou estratégias organizacionais. O diagnóstico de competências, no entanto, conforme comentado, pressupõe também inventariar as competências internas já disponíveis na organização, com o propósito de identificar o *gap*, ou lacuna, de competências, ou seja, a discrepância entre as competências necessárias para concretizar a estratégia corporativa e as competências internas existentes na organização.

A identificação das competências já existentes na organização geralmente é realizada por meio de instrumentos de avaliação de desempenho. Como a competência humana é expressa em função do desempenho da pessoa no trabalho, então os mecanismos e instrumentos de gestão de desempenho servem também ao propósito de identificar as competências disponíveis na organização. A avaliação do domínio da competência, por parte de indivíduos e equipes de trabalho, será mais bem-discutida no tópico a seguir.

## Certificação de competências: avaliando o domínio de competências

A certificação constitui um processo de avaliação de competências humanas, por meio do qual as organizações buscam reconhecer e atestar até que ponto pessoas ou equipes de trabalho expressam possuir determinadas competências profissionais. Essa avaliação, em síntese, significa comparar o trabalho realizado pelas pessoas com padrões de desempenho previamente definidos, conforme relatam Brandão e Guimarães (2001).

Como o desempenho da pessoa revela suas competências, ou seja, é uma manifestação daquilo que ela é capaz de realizar, então algumas organizações propõem-se a atuar como entidades certificadoras, aplicando testes, simulações e avaliações de desempenho para certificar, dentro de determinada indústria ou área de conhecimento, as competências expressas pelas pessoas. É o caso, por exemplo, do National Skills Standards Board (NSSB), organização não governamental americana que se propõe a estabelecer normas e padrões de certificação profissional, em conjunto com associações de classe, sindicatos, educadores e profissionais de recursos humanos, para certificar as competências de indivíduos dentro de 15 grandes setores da economia norte-americana (transportes, telecomunicações, finanças e mineração, por exemplo), conforme relatado por Tucker e Ruzzi (2000).

Na América Latina, há iniciativas semelhantes na área de certificação de competências, como aquelas promovidas pelo Instituto Técnico de Capacitação e Produtividade (Intecap), da Guatemala, que desenvolve programas de avaliação de competências profissionais, visando reconhecê-las e certificá-las em nível nacional (Barrios, 2000), e pelo Instituto Salvadorenho de Formação Profissional (Insaforp), de El Salvador, que desenvolveu um sistema nacional de certificação profissional para prover ao mercado de trabalho daquele país informações consistentes sobre o que os indivíduos são capazes de realizar no trabalho (OIT, 2000).

Apesar de iniciativas como essas e da crescente atuação de entidades certificadoras, a maioria das organizações adota sistemas próprios para certificar as competências de seus funcionários, utilizando geralmente instrumentos de avaliação do desempenho humano no trabalho, a exemplo daquele descrito por Brandão e coautores). Como a competência humana é expressa em função do desempenho da pessoa, então os mecanismos e instrumentos de gestão do desempenho profissional servem também ao propósito de identificar as competências que os funcionários expressam no trabalho.

Para avaliação do desempenho profissional existem diversas abordagens, métodos e instrumentos já validados e amplamente utilizados, como aqueles relatados por Caetano (1996). Entre os modelos e métodos contemporâneos de gestão do desempenho, que possuem aceitação mais ampla tanto no meio acadêmico quanto no ambiente organizacional, é possível destacar o *balanced scorecard* (Kaplan e Norton, 1997) e a avaliação 360º, também denominada avaliação por múltiplas fontes (Edwards e Ewen, 1996).

O *balanced scorecard* (BSC), modelo gerencial desenvolvido por Kaplan e Norton (1997), propõe orientar o desempenho da organização e de seus funcionários não apenas na ótica do resultado econômico-financeiro — como é comum nos modelos tradicionais de avaliação do desempenho por resultados —, mas sim a partir de medidas de desempenho em quatro diferentes perspectivas: financeira, clientes, processos internos, e aprendizagem e crescimento. Esse modelo objetiva alinhar iniciativas individuais, departamentais e organizacionais em torno dos objetivos estratégicos da organização, mediante a utilização de indicadores de curto, médio e longo prazos, nessas quatro perspectivas de desempenho, conforme será discutido mais adiante, no capítulo 4. A utilização do BSC tem sido bastante difundida, sobretudo porque esse modelo permite equilibrar: medidas de curto prazo com aquelas de longo prazo; indicadores financeiros com os não financeiros; e desempenho individual com o coletivo.

A avaliação 360°, por sua vez, é constituída por uma rede de pessoas que registram e recebem *feedbacks* de diferentes fontes de avaliação (superior hierárquico, pares, subordinados, clientes, fornecedores e outros eventuais atores envolvidos no processo produtivo), conforme relatam Edwards e Ewen (1996). Baseia-se no pressuposto de que a avaliação realizada por múltiplas fontes oferece um resultado mais fidedigno sobre o desempenho das pessoas, na medida em que está menos sujeita a vieses, comuns em modelos convencionais de avaliação unilateral, baseados apenas na percepção do superior hierárquico em relação ao desempenho do subordinado. A utilização da avaliação 360° também tem sido bastante difundida, principalmente porque esse método minimiza distorções, permite a participação ampla de diversos atores e oferece resultados mais confiáveis, gerando subsídios para os diversos subsistemas de gestão de pessoas, como, por exemplo, orientação e desenvolvimento profissional, identificação e alocação de talentos, remuneração e benefícios, entre outros. Exemplo da utilização integrada do *balanced scorecard*, da avaliação 360° e da gestão por competência é descrito em detalhes por Brandão e coautores. (2005).

Outra alternativa para identificar as competências humanas existentes na organização é a utilização de instrumentos de autoavaliação, por meio dos quais o próprio profissional indica o nível de importância das competências para o desempenho de seu papel ocupacional, assim como o grau em que ele domina ou expressa tais competências. Um instrumento proposto por Borges-Andrade e Lima (1983), por exemplo, permite o mapeamento do *gap*, ou lacuna, de competências, ponderando, a relação entre a carência (por parte da pessoa) de determinada competência e a importância dessa competência para o papel ocupacional ou para o contexto organizacional no qual a pessoa está inserida. Isso permite o diagnóstico de necessidades de aprendizagem a partir da identificação do *gap* de competências, utilizando-se a seguinte equação:

$$N = I\ (4 - D)$$

Nesse caso, $N$ representa a lacuna de competências, ou seja, as necessidades de aprendizagem da pessoa; $I$, o grau de importância de determinada competência; e $D$, o grau de domínio da pessoa sobre essa competência, sendo estes dois últimos avaliados pelas seguintes escalas:

- *grau de importância (I)* — 0 = nada importante; 1 = pouco importante; 2 = medianamente importante; 3 = muito importante; 4 = extremamente importante;
- *grau de domínio (D)* — 0 = não domina a competência; 1 = domina pouco a competência; 2 = domina medianamente a competência; 3 = domina muito a competência; 4 = domina plenamente a competência.

Assim, suponha que determinado profissional, utilizando essas escalas, tivesse realizado uma autoavaliação sobre o próprio desempenho e seu papel ocupacional, atribuindo graus de importância e de domínio a cada uma das competências relacionadas no quadro 5.

Quadro 5

**EXEMPLO DE AUTOAVALIAÇÃO DE GRAUS DE IMPORTÂNCIA E DOMÍNIO DE COMPETÊNCIAS**

| Descrição das competências | *I* | *D* | *N* |
|---|---|---|---|
| Identifica oportunidades negociais a partir de conhecimentos sobre o comportamento do consumidor. | 4 | 1 | **12** |
| Implementa ações de comunicação interna para estimular o desenvolvimento profissional. | 2 | 4 | **0** |
| Comunica-se, na forma oral e escrita, com clareza e objetividade. | 4 | 3 | **4** |
| Colabora com os colegas de trabalho, visando atingir os objetivos da equipe em um clima de harmonia. | 2 | 0 | **8** |

Utilizando a fórmula $N = I\ (4 - D)$, então, seria possível obter um $N = 12$ para a competência "Identifica oportunidades negociais a partir de conhecimentos sobre o comportamento do consumidor", indicando que, no caso do profissional avaliado, recai sobre essa competência o maior *gap*, enquanto o $N = 0$ para a competência "Implementa ações de comunicação interna para estimular o desenvolvimento profissional" indica que não há *gap* nessa competência. Essa equação permite, portanto, estabelecer uma prioridade entre as competências a serem desenvolvidas pelo profissional, uma vez que, quanto maior o *N*, maior o *gap* e, por conseguinte, maior a necessidade de desenvolvimento da competência. Exemplo da utilização desse instrumento pode ser encontrado em Castro e Borges-Andrade (2004). Esse e outros impactos da abordagem das competências nos principais processos de gestão de pessoas serão discutidos a seguir.

## A gestão de pessoas por competências: alinhando as ações de gestão de pessoas à estratégia organizacional

Retornando à figura 3, você pode verificar que a gestão por competências propõe-se fundamentalmente a gerenciar o *gap*, ou lacuna, de competências eventualmente existente na organização, procurando eliminá-lo ou minimizá-lo. A ideia é aproximar ao máximo as competências existentes na organização daquelas necessárias para a consecução dos objetivos organizacionais.

Nessa perspectiva, minimizar eventuais lacunas de competências significa orientar e estimular os profissionais a eliminarem as discrepâncias entre o que eles são capazes de fazer (competências atuais) e o que a organização espera que eles façam (competências desejadas). A área de gestão de pessoas, então, possui papel fundamental nesse processo, na medida em que seus diversos subsistemas (identificação e alocação de talentos, educação corporativa, avaliação de desempenho, remuneração e benefícios, entre outros) podem promover ou induzir o desenvolvimento profissional e, por conseguinte, a eliminação de *gaps*, ou lacunas, de competências.

A partir da estratégia organizacional, então, a área de gestão de pessoas pode orientar suas políticas, planos táticos e ações, integrando todos os seus subsistemas em torno da aquisição das competências necessárias à consecução dos objetivos organizacionais. Esse alinhamento entre a estratégia organizacional e as práticas de gestão de pessoas, bem como a sinergia entre as políticas e ações dos vários subsistemas de gestão de pessoas, gera o que Tilles (1963) denominou consistência interna da estratégia, ou seja, um impacto positivo cumulativo dessas políticas e ações sobre o desempenho organizacional.

Assim, a adoção de modelos de gestão baseados no conceito de competência gera também impactos sobre a condução dos diversos processos de gestão de pessoas. Na figura 4, você pode notar como os principais subsistemas de gestão de pessoas integram-se em torno do processo de aquisição das competências necessárias à organização, seja agindo diretamente no desenvolvimento delas, seja induzindo esse processo. Vale ressaltar que esse diagrama não tem a pretensão de esgotar as interações e intervenções exercidas pelas funções de gestão de pessoas, mas sim expor, de forma simplificada, a lógica de funcionamento desse processo.

Figura 4

ALINHANDO A GESTÃO DE PESSOAS À ESTRATÉGIA ORGANIZACIONAL

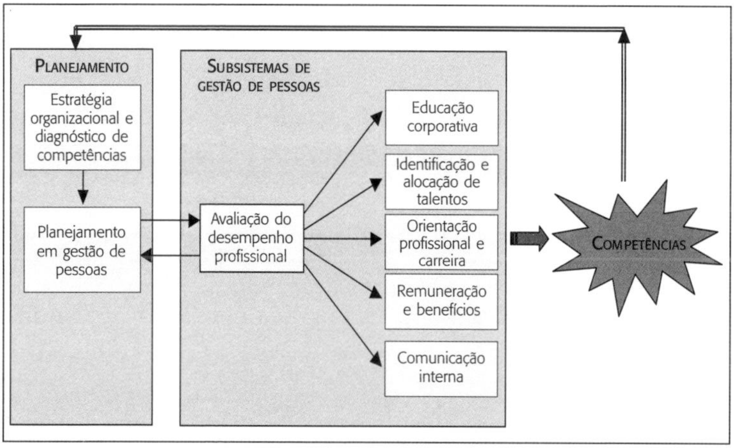


A figura 4, portanto, mostra que, a partir da estratégia corporativa e do diagnóstico de competências organizacionais, torna possível o planejamento de ações de gestão de pessoas. Essa etapa consiste fundamentalmente em mapear as competências humanas necessárias para a consecução dos objetivos estabelecidos na estratégia, realizar um diagnóstico a respeito e planejar ações para desenvolvê-las. As competências humanas identificadas como relevantes às diversas unidades da organização, por sua vez, devem compor a avaliação de desempenho profissional, instrumento que, como comentado no item anterior, permite à organização mensurar até que ponto seus funcionários expressam tais competências no trabalho (Brandão et al. 2005).

A avaliação do desempenho humano no trabalho, portanto, serve ao propósito de identificar, de um lado, os picos de competências (superações do desempenho esperado) e, de outro, eventuais *gaps* (ou lacunas) de competências dos profissionais da organização, gerando informações para os diversos subsistemas de gestão de pessoas. O subsistema educação corporativa, por exemplo, atua diretamente no processo de desenvolvimento de competências humanas, promovendo a socialização das competências existentes e provendo a organização de ações de aprendizagem que permitam eliminar eventuais lacunas de competências, conforme sugerem Freitas e Brandão (2006). Pode, também, agir por antecipação, desenvolvendo hoje competências que serão necessárias apenas no futuro.

Como comentado, a aprendizagem representa o meio pelo qual são desenvolvidas as competências humanas, enquanto o desempenho no trabalho representa uma manifestação daquilo que a pessoa aprendeu ao longo de sua vida (Freitas e Brandão, 2006). Pode-se dizer, então, que a competência é resultante da aplicação de conhecimentos, habilidades e atitudes adquiridos pela pessoa em processos de aprendizagem. Assim, se a avaliação de desempenho indicar, hipoteticamente, que funcionários ou equipes não expressam, no nível desejado pela organização, a competência de "atender o cliente com cortesia e educação, considerando suas expectativas e características", então cabe ao subsistema educação corporativa prover uma ação de aprendizagem que tenha o desenvolvimento dessa competência como um objetivo instrucional.

Com isso, na gestão por competências, o mapeamento das competências humanas relevantes à organização passa a orientar o subsistema educação corporativa em seus processos de identificação de necessidades de aprendizagem, formulação de objetivos instrucionais, definição de conteúdos de ensino, compartilhamento de competências entre as pessoas e construção de trilhas de aprendizagem, entre outros, conforme relatam

Brandão e Carbone (2004). Le Boterf (1999) reforça esse entendimento, ressaltando que o desenvolvimento de competências humanas depende essencialmente de três fatores: do interesse da pessoa por aprender; de um ambiente de trabalho que incentive a aprendizagem; e do sistema de educação corporativa disponível ao indivíduo.

A identificação e alocação de talentos, por sua vez, outro importante subsistema de gestão de pessoas, obedece a uma lógica semelhante. Neste caso, as competências mapeadas como relevantes à organização passam a orientar a definição de perfis profissionais, os quais constituem as principais referências em ações de recrutamento e seleção. Assim, o processo de seleção e admissão de pessoas adequadas às necessidades presentes e futuras da organização tem como referência básica as competências que a organização espera que as pessoas manifestem no trabalho, conforme sugere Dutra (2004). A alocação e movimentação interna de pessoas, da mesma forma, passa a ter como principal critério a proximidade entre as competências que as pessoas possuem e as competências exigidas pelo papel ocupacional que exercerão.

Seguindo ainda a figura 4, pode-se notar que os resultados apurados em avaliações de desempenho geram também subsídios para processos de orientação profissional e gestão da carreira. As lacunas de competências, assim como as eventuais superações de desempenho, podem ensejar ações de *feedback* e orientação profissional, por parte da organização e de seus gestores, com o propósito de sugerir às pessoas caminhos alternativos para desenvolver competências e crescer profissionalmente. Dessa forma, o processo de orientação profissional busca conciliar as necessidades organizacionais de competências, as oportunidades profissionais existentes na organização e as aspirações de crescimento do indivíduo.

Outros subsistemas de gestão de pessoas, como remuneração e comunicação interna, por exemplo, agem como indutores do processo de desenvolvimento de competências, gerando incentivos e estímulos à aprendizagem. Quando valorizadas e remuneradas de forma variável, em razão das competências que expressam no trabalho, as pessoas, na expectativa de obterem maior reconhecimento ou retribuição, sentem-se inclinadas ou predispostas ao desenvolvimento das competências valorizadas pela organização. O subsistema comunicação, por sua vez, pode valer-se de campanhas de comunicação interna para estimular o autodesenvolvimento das pessoas, informando os funcionários sobre os objetivos e metas organizacionais, as competências desejadas pela organização e os benefícios para aqueles que expressam tais competências no trabalho. Pode, ainda, divulgar metodologias e disponibilizar ferramentas para compartilhamento de conhecimentos e experiências, visando socializar o saber na organização.

Dessa forma, na gestão por competências, conforme ilustra a figura 4, os diversos subsistemas de gestão de pessoas integram-se — de forma alinhada à estratégia organizacional —, visando o desenvolvimento das competências humanas requeridas para o sucesso da organização. De outro lado, tais competências, uma vez desenvolvidas, passam a influenciar o estabelecimento de novas estratégias organizacionais, retroalimentando o processo de planejamento, dentro de uma abordagem sistêmica. No quadro 6, você encontra uma síntese dos principais conceitos, métodos de mapeamento de competências e aplicações no campo da gestão de pessoas, sendo possível observar os impactos dessa abordagem sobre os diversos processos ou práticas de gestão.

Quadro 6

**SÍNTESE DE CONCEITOS, MÉTODOS E APLICAÇÕES INERENTES À GESTÃO POR COMPETÊNCIAS**

| Nível da competência | Definição | Formas de mapeamento das competências desejadas pela organização | Formas de mapeamento das competências existentes na organização | Aplicações do mapeamento de competências na gestão organizacional e de pessoas |
|---|---|---|---|---|
| Competência organizacional | Atributos da organização, que conferem vantagem competitiva a ela, geram valor distintivo percebido pelos clientes e são difíceis de ser imitados pela concorrência. | ❑ Análise documental (interpretação do conteúdo da estratégia organizacional e de outros documentos relevantes).<br>❑ Utilização de métodos e técnicas de pesquisa social (sobretudo entrevistas individuais ou coletivas com dirigentes da organização e especialistas).<br>❑ Realização de *workshops* com a participação de dirigentes e especialistas. | ❑ Avaliação do desempenho organizacional, sob diferentes perspectivas (resultado econômico-financeiro, qualidade dos processos internos, satisfação do cliente, inovação e aprendizagem, por exemplo). | ❑ Diagnóstico organizacional.<br>❑ Identificação de lacunas, ou *gaps*, de competências.<br>❑ Subsídio à tomada de decisões quanto à realização de fusões, aquisições e alianças estratégicas.<br>❑ Subsídio à tomada de decisões quanto a investimentos em capacitação, pesquisa e desenvolvimento. |

*continua*

| Nível da competência | Definição | Formas de mapeamento das competências desejadas pela organização | Formas de mapeamento das competências existentes na organização | Aplicações do mapeamento de competências na gestão organizacional e de pessoas |
|---|---|---|---|---|
| Competência humana ou profissional | Combinações sinérgicas de conhecimentos, habilidades e atitudes, expressas pelo desempenho profissional dentro de determinado contexto organizacional, que agregam valor a pessoas e organizações. | ❑ Análise documental (interpretação das competências organizacionais desejadas e do conteúdo de planos tático-operacionais de trabalho e gestão).<br>❑ Utilização de métodos e técnicas de pesquisa social (sobretudo observação participante e não participante, entrevistas individuais ou coletivas com gestores e técnicos da organização e questionários estruturados). | ❑ Avaliação do desempenho humano no trabalho, incluindo a realização de pesquisas de clima e de satisfação do cliente em relação ao trabalho realizado por funcionários.<br>❑ Avaliação de potencial.<br>❑ Certificações internas ou externas de conhecimentos e competências.<br>❑ Aplicação de questionários de autoavaliação de competências e identificação de necessidades de aprendizagem.<br>❑ Avaliação do capital humano, utilizando indicadores de renovação, de estabilidade e de eficiência da competência instalada. | ❑ Orientação estratégica das ações de gestão de pessoas.<br>❑ Diagnóstico setorial ou individual.<br>❑ Identificação de lacunas, ou *gaps*, de competências.<br>❑ Identificação de necessidades de aprendizagem.<br>❑ Sistematização da capacitação profissional.<br>❑ Formulação de objetivos instrucionais.<br>❑ Orientação profissional e de carreira.<br>❑ Subsídio a ações de alocação, recrutamento e seleção.<br>❑ Reconhecimento, promoção e premiação.<br>❑ Remuneração por competências.<br>❑ Endomarketing para estimular o autodesenvolvimento.<br>❑ Orientação aos sistemas de compartilhamento de competências. |

Conforme comentado, uma competência profissional resulta da mobilização, por parte da pessoa, de uma combinação de recursos. E a pessoa expressa a competência quando gera um resultado no trabalho, decorrente da aplicação conjunta de conhecimentos, habilidades e atitudes — os três recursos ou dimensões da competência (Durand, 2000). Gerenciar competências, por sua vez, de maneira geral, significa planejar, captar, desenvolver e avaliar, nos diferentes níveis da organização, as competências necessárias à consecução de seus objetivos.

Atuando como uma abordagem complementar à gestão por competências e tendo como objeto principal a dimensão cognitiva, a gestão do conhecimento pode ser vista, de forma geral, como o conjunto de processos destinados a identificar o conhecimento presente nas pessoas e proporcionar condições para criação, transferência e utilização desse conhecimento, tema que será discutido no próximo capítulo.

# 3

# A gestão do conhecimento

Este capítulo é composto por seis seções. Na primeira, são apresentados conceitos básicos relacionados à gestão do conhecimento. A segunda seção trata das interfaces entre conhecimento e aprendizagem, no contexto da aprendizagem organizacional. A terceira está voltada para a perspectiva japonesa de gestão do conhecimento, com ênfase na teoria da criação do conhecimento. Na quarta seção, o foco é dirigido para a visão ocidental, mais especificamente para a visão norte-americana da gestão do conhecimento. Na quinta seção, são destacadas experiências recentes de empresas brasileiras nessa área, enquanto a última seção aborda a interdependência e complementaridade entre a gestão do conhecimento e a gestão por competências.

## Conceitos básicos

Aqui, cabe esclarecer o que se entende por gestão, dado, informação, conhecimento e gestão do conhecimento. Para Motta (1999:16), o termo gestão possui o mesmo significado de administração e de gerência: "é um termo genérico (...) que sugere a ideia de dirigir e de decidir".

Drucker (1993:23) aborda o conhecimento no contexto de uma revolução gerencial que começou há mais de dois séculos: a aplicação do conhecimento ao conhecimento é sinônimo de gerência eficaz. Para ele, o gerente é o "responsável pela aplicação e pelo desempenho do conhecimento" (p. 23). E o conhecimento é visto,

> ao mesmo tempo, como recurso chave pessoal e econômico. Na verdade, o conhecimento é hoje o único recurso com significado. Os tradicionais fatores de produção — terra (isto é, recursos naturais), mão-de-obra e capital — não desapareceram, mas tornaram-se secundários. Eles podem ser obtidos facilmente, desde que haja conhecimento.
>
> (Drucker, 1993:21)

Davenport e Prusak (1998) explicam que o conhecimento é decorrente da informação, que, por sua vez, deriva de conjuntos de dados. Segundo esses autores, os dados são séries de fatos ou eventos isolados. São registros sem significado inerente, que se transformam em informações ao adquirirem significado. As informações são dados que, percebidos pelo indivíduo, têm relevância, propósito e causam impacto em seu julgamento ou comportamento. O conhecimento pode ser visto como conjunto de informações reconhecidas e integradas pela pessoa dentro de um esquema pré-existente. Isso significa que as informações são transformadas em conhecimento por meio da intervenção das pessoas, seja reconhecendo essas informações, seja integrando-as. É por isso que Davenport e Prusak (1998) afirmam que o conhecimento está mais próximo da ação e está relacionado ao uso inteligente da informação: pode ser avaliado pela qualidade das ações ou das decisões a que leva.

Hessen (2000:20) argumenta que o conhecimento é uma relação entre sujeito e objeto. De um lado, o sujeito depende do objeto:

> Visto a partir do objeto, o conhecimento aparece como um alastramento, no sujeito, das determinações do objeto. (...) Neste ato, porém, o objeto tem preponderância sobre o sujeito. O objeto é o determinante, o sujeito é o determinado.

De outro lado, uma reversão é possível e ela ocorre na ação:

> Nesse caso não é o objeto que determina o sujeito, mas o sujeito que determina o objeto. Não é o sujeito que muda, mas o objeto. O sujeito não mais se comporta receptivamente, mas espontânea e ativamente, ao passo que o objeto comporta-se passivamente.
>
> (Hessen, 2000:22)

Na mesma linha, Becker (2001:71), inspirado na obra de Piaget, também afirma que o conhecimento é uma relação entre sujeito e objeto:

> Conhecer é transformar o objeto e transformar-se a si mesmo. O processo educacional que nada transforma está negando a si mesmo. O conhecimento não nasce com o indivíduo nem é dado pelo meio social. O sujeito constrói o seu conhecimento na interação com o meio — tanto físico, como social.

Berger e Luckmann (1966:17) apresentaram uma definição de conhecimento a partir do conceito de realidade como construção social. O conhecimento é definido por eles como "a certeza de que os fenômenos são reais e possuem características específicas". Esses autores buscaram, na obra de Marx, o argumento de que a origem do conhecimento é o trabalho humano. Eles afirmam que o conhecimento é construído socialmente, à medida que o homem, em suas atividades cotidianas, se depara com algum tipo de problema. Ou seja, enquanto não ocorrem problemas, aceita-se a realidade como certa e o conhecimento como verdadeiro. Nesta linha, só há aprendizagem quando o homem, em suas interações com o mundo, supera desafios e transforma esta realidade. O mundo do trabalho, então, em seu potencial infinito de geração de desafios e eventos inesperados, revela-se como o ambiente mais propício para os processos de aprendizagem.

De forma coerente com a visão de conhecimento como construção social, Polanyi (1983) identifica dois tipos de conhecimento: tácito e explícito. De um lado, o conhecimento explícito ou codificado é passível de transmissão sistemática por meio de linguagem formal, relacionado a eventos e objetos, independentemente de contexto. De outro lado, o conhecimento tácito é pessoal, relacionado a um contexto específico e difícil de ser formalizado e comunicado. Representa o conhecimento produzido pela experiência de vida, incluindo elementos cognitivos e práticos. Conforme será discutido mais adiante, a integração dessas duas formas de conhecimento, tácito e explícito, é fundamental para a criação do conhecimento no contexto das organizações.

Finalmente, a gestão do conhecimento pode ser definida como o "processo pelo qual uma organização consciente e sistematicamente coleta, organiza, compartilha e analisa seu acervo de conhecimento para atingir seus objetivos" (Falcão e Bresciani Filho, 1999:162).

Schultze e Leidner (2002:218) definem gestão do conhecimento como "a geração, representação, estoque, transferência, transformação, aplicação, incorporação e proteção de conhecimento". Para essas autoras, a gestão do conhecimento está intimamente relacionada a conceitos como: aprendizagem organizacional, organização de aprendizagem, memória organizacional, compartilhamento da informação e trabalho colaborativo.

Sarkar e Bandyopadhyay (2002) associam a gestão do conhecimento à melhoria de desempenho organizacional, com base na combinação de tecnologia da informação com os processos de negócios.

O tema, no entanto, ainda se encontra em debate e está sujeito a críticas e controvérsias. Easterby-Smith e colaboradores (2001), por exemplo, discutem a gestão do conhecimento a partir do debate vigente no contexto da aprendizagem organizacional. Para isso, esses autores utilizam-se de uma metáfora de vulcões, os quais podem estar extintos, dormentes ou em estado de erupção. Alguns debates estariam em extinção, como a discussão entre "aprendizagem organizacional" e "organização de aprendizagem". A gestão do conhecimento, ao contrário, seria um vulcão em erupção, pois enseja muitas concepções, críticas e controvérsias. Uma dessas críticas, por exemplo, seria a ênfase da gestão do conhecimento em artefatos organizacionais, como sistemas e memória, negligenciando o aspecto humano, em prejuízo da aprendizagem. Para eliminar essa possível lacuna, esses autores propõem o restabelecimento do papel do ator humano nas pesquisas na área da gestão do conhecimento.

Serão discutidas a seguir as interfaces entre o conhecimento e a aprendizagem, no contexto da aprendizagem organizacional.

## Conhecimento e aprendizagem

A respeito da relação entre conhecimento e aprendizagem, Sanchez e Heene (1997) afirmam que a aprendizagem representa um processo que muda o *status* do conhecimento, de indivíduos ou de organizações, de diversas maneiras: por meio da modificação das crenças existentes, da adoção de novas crenças, do abandono de crenças anteriormente tidas como verdadeiras e também da mudança no grau de confiança que as pessoas têm em determinada crença ou conjunto de crenças no contexto organizacional. Ou seja, enquanto o conhecimento levar à correção de erros e à solução de problemas, esse conhecimento será tido como verdadeiro. Se, ao contrário, não se revelar capaz de solucionar problemas, não haverá aprendizagem nem será criado conhecimento. Da mesma forma, Prange (2001) afirma que a essência do processo de aprendizagem é o conhecimento. Os dois temas estão intimamente relacionados: a compreensão de um conceito depende da compreensão do outro. É por meio da aprendizagem que se cria conhecimento.

Especificamente a respeito da aprendizagem organizacional, Argyris e Schön (1978) associam essa abordagem à solução de problemas, a partir dos conceitos de aprendizagem de "laço único" e de "laço duplo". O primeiro tipo de aprendizagem envolve mudanças rotineiras e o segundo, mudanças estruturais.

Dodgson (1993:377), por sua vez, descreve aprendizagem organizacional como:

> a maneira como as firmas constroem, suplementam e organizam conhecimento e rotinas em torno de suas atividades e dentro de suas culturas, e adaptam e desenvolvem a eficiência por meio da melhoria da utilização das amplas capacidades de sua força de trabalho.

Esse autor, entretanto, apresenta uma importante crítica sobre a área da aprendizagem organizacional, relacionada à ênfase dada às fontes e ao valor do conhecimento, em prejuízo do estudo dos processos de aprendizagem, ou seja, dos processos de criação de conhecimento (Dodgson, 1993).

A mesma crítica é reiterada por outros autores. Prange (2001:49), por exemplo, de forma bem-humorada, destaca a busca "desesperada por teorias" por que passa a área. Huber (1991) questiona a proeminência da perspectiva instrumental na literatura gerencial, como é o caso de Argyris e Schön (1978), que afirmam ser a aprendizagem igual ao aumento da eficácia organizacional.

Por sua vez, Grey (2001:3) apresenta um trabalho bastante provocativo, intitulado *Antiaprendizagem*. Esse autor dirige as suas críticas ao conceito de aprendizagem de laço duplo. A ideia de laço duplo sinaliza para um processo de mudança e questionamento dos valores organizacionais. Nessas condições, ela seria superior à aprendizagem de laço único, voltada especificamente para alterações de rotina. Entretanto, segundo Grey (2001:6), não faz sentido falar de mudança de valores em decorrência da aprendizagem, pois esta vai estar sempre subordinada aos objetivos de desempenho organizacional. Em suma: o laço duplo não funciona, pois "não desorganiza", nem "aumenta a variedade", "exceto dentro de parâmetros estritamente definidos".

Neste momento, você é convidado a entrar no debate. Você concorda com o argumento da antiaprendizagem? E qual a sua opinião sobre a aprendizagem de laço duplo? Você tem algum exemplo deste tipo na sua vida profissional? Você concorda com as críticas levantadas sobre a aprendizagem organizacional?

Na visão adotada neste livro, essas possíveis lacunas a respeito da aprendizagem organizacional trazem para o debate a teoria da criação do conhecimento, de Nonaka e Takeuchi (1997). Suas contribuições podem auxiliar a superar tais lacunas, o que se pretende discutir a seguir.

## Teoria da criação do conhecimento: a visão japonesa

Entre as principais abordagens reconhecidas na literatura como referência teórica para a gestão do conhecimento, destaca-se a teoria da criação do conhecimento. Exposta no livro *Criação de conhecimento na empresa*, essa teoria busca "examinar (...) os mecanismos e processos pelos quais o conhecimento é criado" (Nonaka e Takeuchi, 1997:6).

Como foi dito, Nonaka e Takeuchi (1997) buscam suporte para a sua teoria na obra de Platão (século IV a.C.), na qual o conhecimento é definido como "crença verdadeira justificada". A partir dessa definição, a teoria da criação do conhecimento é fundamentada em duas dimensões: epistemológica e ontológica.

A dimensão epistemológica baseia-se na distinção feita por Polanyi (1983) entre conhecimento tácito e explícito, já citada. Ambas as formas de conhecimento, tácito e explícito, devem integrar-se permanentemente, por meio de símbolos, metáforas e analogias, para a criação de conhecimento nas organizações.

A dimensão ontológica, por sua vez, considera o conhecimento uma criação individual, que se expande pela organização, através de uma espiral do conhecimento, formando uma "rede de conhecimentos da organização". A partir de processos de interações dinâmicas entre as pessoas, o conhecimento é criado e se expande pela organização, extrapolando "níveis e fronteiras interorganizacionais" (Nonaka e Takeuchi, 1997:65).

De forma geral, a teoria é apresentada como uma crítica às práticas das empresas dos dois lados do mundo: Japão e Ocidente: "Enquanto os ocidentais tendem a enfatizar o conhecimento explícito, os japoneses tendem a enfatizar o conhecimento tácito" (Nonaka e Takeuchi, 1997:67). Do lado ocidental, predomina a concepção de empresa como uma máquina processadora de conhecimento, em que se enfatiza o conhecimento explícito, formalizado. Do lado japonês, a empresa é vista como um organismo vivo, onde se enfatiza o conhecimento como uma criação social.

A gênese do conhecimento está identificada na interação das duas perspectivas, por meio da integração das duas formas de conhecimento, tácito e explícito. São considerados quatro processos de conversão do conhecimento: socialização, externalização, combinação e internalização. Esses processos podem ser assim conceituados:

- socialização (tácito-tácito) — é o processo de compartilhamento de conhecimento tácito, por meio da experiência;
- externalização (tácito-explícito) — é o processo de articulação do conhecimento tácito em conceitos explícitos, por meio de metáforas, analogias, símbolos, *slogans* ou modelos;
- combinação (explícito-explícito) — é o processo de sistematização de conjuntos diferentes de conhecimento explícito;
- internalização (explícito-tácito) — está intimamente relacionado aos processos de "aprender fazendo", de incorporação do conhecimento explícito no conhecimento tácito, por meio da aplicação do conhecimento formal nas atividades de trabalho.

Em resumo, de acordo com Nonaka e Takeuchi (1997), a criação do conhecimento representa uma perspectiva ampla e promissora, pois viabiliza a geração de inovações de forma duradoura. Isso, por sua vez, permite vislumbrar a conquista de vantagem competitiva duradoura por parte das empresas criadoras de conhecimento.

Como objetivo final da teoria da criação do conhecimento, os dois autores propõem, então, uma síntese entre as visões organizacionais do Ocidente e do Japão, que resulte em um modelo universal de gestão, integrando o "melhor dos dois mundos: a atenção ao lado menos formal do conhecimento, pelos japoneses, e a utilização das tecnologias da informação, pelos ocidentais" (Nonaka e Takeuchi, 1997:286).

Entretanto, o sucesso obtido pela divulgação do livro no Ocidente não correspondeu à aplicação prática das proposições ali contidas nem ao desenvolvimento do modelo universal de gerência ali proposto. Uma das críticas mais comuns refere-se à dificuldade de se operacionalizar a teoria no ambiente ocidental (Garvin, 1993; Von Krogh et al., 2000).

Takeuchi, no entanto, em 1998, publicou na internet um artigo intitulado "Beyond knowledge management" (Muito além da gestão do conhecimento), no qual reforça a superioridade da teoria da criação do conhecimento, em relação às abordagens ocidentais. Primeiramente, o autor propõe o conceito de *criação de conhecimento*, em lugar da terminologia *gestão do conhecimento*. Para ele, o termo gestão leva a uma percepção mais restrita do conhecimento, visto como um ativo a ser mensurado para fins de controle. Em seguida, Takeuchi identifica duas vertentes principais da gestão do conhecimento presentes nas empresas do mundo ocidental.

De um lado, na Europa, mais especificamente na Escandinávia, o foco seria na mensuração do conhecimento, ou seja, na gestão do capital intelectual. Essa abordagem foi desenvolvida a partir da obra de Sveiby (1998) e utilizada inicialmente com base nas experiências de executivos, como Leif Edvinsson, vice-presidente do capital intelectual da Skandia, empresa sueca do ramo de seguros, o que será discutido mais adiante, no quarto capítulo deste livro. De outro lado, nos Estados Unidos, o foco seria na gestão do conhecimento propriamente dita, abordagem que será tratada a seguir.

## Gestão do conhecimento: a perspectiva norte-americana

Conforme dito, a gestão do conhecimento orientada pelas práticas das empresas norte-americanas enfatiza principalmente o conhecimento explícito. Esta perspectiva tem encontrado grande receptividade em corporações multinacionais, como GE, HP, 3M, Daimler-Chrysler, Arthur D. Little, McKinsey e Andersen Consulting. Da mesma forma, isso também tem ocorrido em empresas e organizações brasileiras, o que será abordado na próxima seção deste capítulo.

Nesse contexto, uma das principais referências teóricas da gestão do conhecimento tem sido o trabalho de Davenport e Prusak (1998). Esses autores realizaram um amplo estudo em empresas ocidentais de grande porte, no qual identificaram as dificuldades e as condições de sucesso dos modelos de gestão de conhecimento. As principais dificuldades referem-se à gestão do conhecimento tácito. As condições de sucesso são as seguintes: a existência de uma cultura organizacional favorável ao conhecimento e a utilização de sistemas de informação.

Alavi e Leidner (2001:107) também enfatizam a necessidade de sistemas de gestão de conhecimento (KMS), especificamente voltados para "apoiar a criação, a transferência e a aplicação do conhecimento nas organizações".

Na mesma linha, Bock (1998) mostra que a Arthur D. Little, empresa de consultoria norte-americana, utiliza um sistema de gestão de conhecimento baseado em quatro dimensões:

- conteúdo — conhecimento estrategicamente relevante para a empresa;
- cultura — modelos mentais e padrões de regras não escritas que orientam as atividades e que explicam os comportamentos;
- processo — sequência natural e logicamente encadeada de atividades que minimiza esforços e custos;
- infraestrutura — sistemas de informação, inclusive os tipos de mídia.

O processo de gestão do conhecimento está explicitado na figura 5.

Figura 5
**ETAPAS DO PROCESSO DE GESTÃO DO CONHECIMENTO**

| Gestão do conhecimento – Etapas do processo | |
|---|---|
| **Conteúdo** | **Objetivo** |
| Definir o objetivo de conhecimento: definir as necessidades atuais de conhecimento organizacional. | Descrever as necessidades futuras de conhecimento organizacional. |
| ⇩ | ⇩ |
| Identificar o conhecimento disponível: discutir e avaliar os conhecimentos existentes internamente. | Tornar transparente o conhecimento disponível. |
| ⇩ | ⇩ |
| Registrar o conhecimento: documentar e registrar o conhecimento em mídias apropriadas. | Manter o conhecimento existente (inclusive o adquirido fora da organização). |
| ⇩ | ⇩ |
| Disseminar o conhecimento: controlar a distribuição de conhecimento em todos os lugares da empresa. | Definir metas de distribuição de conhecimento relevante para os lugares corretos. |
| ⇩ | ⇩ |
| Utilizar o conhecimento: aplicar o novo conhecimento, com resultados mensuráveis | Garantir o sucesso permanente dos processos de aprendizagem. |

Fonte: Bock (1998), com adaptações.

Em seguida, Bock (1998) apresenta as alternativas adotadas por diversas empresas, em termos de mídia, para facilitar as suas ações de gestão do conhecimento. Por exemplo, a Hewlett-Packard (HP) utiliza cartões comerciais dos empregados que contêm seus respectivos nomes endereços da web, bem como as áreas de conhecimento de seus portadores. Outros exemplos são a Daimler Benz e o Holderbank, que utilizam como mídias, respectivamente, a intranet e o CD-ROM.

Especificamente em relação à área de pesquisa em sistemas de informação (SI), um estudo recente mostra o estado-da-arte da gestão do conhecimento a partir da realidade dos Estados Unidos. As duas autoras desse estudo, as pesquisadoras Schultze e Leidner (2002), utilizaram como fonte as publicações dos principais periódicos norte-americanos na área de SI.

Os resultados da pesquisa mostram a hegemonia do discurso normativo naquelas publicações: predominam os objetivos de busca de soluções tecnológicas para problemas de transferência e recuperação de conhecimento. O conhecimento é visto como um recurso (*commodity*), um objeto que existe fora do indivíduo e que pode ser acumulado, manipulado e transferido para outros, homens ou máquinas. Reitera-se a visão de conhecimento independente das pessoas, o recurso-chave para o desempenho organizacional. Em suma: a pesquisa de Schultze e Leidner (2002) parece confirmar a crítica de Easterby-Smith e colaboradores (2001), já citada, a respeito da ênfase prioritária da gestão do conhecimento em sistemas de informação, em detrimento dos aspectos humanos da aprendizagem.

Após essas considerações a respeito da realidade da gestão do conhecimento em empresas do Japão e dos Estados Unidos, serão apresentadas algumas experiências brasileiras.

## Experiências de gestão do conhecimento no Brasil

No ano de 2003, foi publicada uma coletânea de casos de empresas brasileiras, baseada em depoimentos de praticantes a respeito de suas experiências nas áreas de gestão do conhecimento e *e-learning* (Terra, 2003). De forma geral, as práticas relatadas mostram que o tema gestão do conhecimento é percebido de forma ampla pelos praticantes. Abrange assuntos distintos, desde as atividades de treinamento, passando pelo registro de melhores práticas, até o mapeamento de conhecimentos. Pode-se depreender daí que, no atual contexto das empresas brasileiras, a exemplo do que ocorre no cenário mundial, não existe uma concepção universal de gestão do conhecimento que possa abranger todo o leque de experiências apresentadas.

Entretanto, pode-se identificar, como elemento comum a todas essas empresas, a tendência à utilização de portais de conhecimento. Outro aspecto preponderante refere-se às iniciativas de criação de universidades corporativas nessas empresas, em geral associadas às áreas de gestão de pessoas. No ano de 2008, levantamos as práticas em gestão do conhecimento de cinco grandes empresas e organizações públicas brasileiras. Para ilustrar, serão apresentados, no quadro 7, a seguir, os principais projetos do Banco do Brasil, da Câmara dos Deputados, da Petrobras, do Serpro e da Vale na área de gestão do conhecimento, possibilitando uma visão abrangente da atuação dessas organizações em relação ao tema e, consequentemente, do crescimento do assunto no país. Os relatos foram colhidos no segundo semestre de 2008, diretamente dos setores responsáveis pelo tema nas organizações. Neste levantamento, mantém-se a tendência de utilização de portais, comunidades de práticas, fóruns de compartilhamento de conhecimentos e do binômio *e-learning*/universidade corporativa, mas verifica-se o crescimento do tema gestão por competências, traduzido em metodologias para inventariar as competências profissionais e pessoais, avaliar o desempenho (por competências) e desenvolver as competências dos funcionários.

## Quadro 7

### PRÁTICAS DE GESTÃO DO CONHECIMENTO EM ORGANIZAÇÕES BRASILEIRAS

| Projetos | Especificação | *Status* |
|---|---|---|
| **Banco do Brasil** | | |
| ❑ Mapa de Competências (gestão de ativos intangíveis) | Sistema de avaliação dos ativos intangíveis do BB | Em desenvolvimento |
| ❑ GED (memória técnica organizacional) | Gestão eletrônica de documentos | Em desenvolvimento |
| ❑ GDP (gestão por competências) | Gestão de desempenho por competências | Implantado |
| ❑ TAO — Competências (gestão por competências) | Inventário das competências profissionais dos funcionários (conhecimentos, experiências, produção e competências) | Implantado |
| ❑ Certificação de Conhecimentos (gestão do conhecimento) | Sistema interno de mensuração e certificação dos conhecimentos dos funcionários | Implantado |
| ❑ Portal de Educação da UniBB (*e-learning*) | Sites, intranet e internet da Universidade Corporativa do BB | Implantado |
| ❑ Trilhas de Aprendizagem da UniBB (sistema de educação continuada baseado em *e-learning*) | Sistema de trilhas para o desenvolvimento profissional | Implantado |
| ❑ Sinapse (*e-learning*) | Ambiente colaborativo, em plataforma Wiki, para treinamento em produtos e serviços do BB | Em desenvolvimento |
| ❑ Criar (sistema de compartilhamento de conhecimentos) | Banco de novas ideias em plataforma Wiki | Em desenvolvimento |
| ❑ Inteligência Competitiva (sistema de informação competitiva) | Site de inteligência competitiva | Implantado |
| ❑ Encontrei (comunidades de prática) | Fóruns regionais de compartilhamento de conhecimentos para desenvolvimento de negócios | Implantado |
| ❑ Diálogo (comunidades de prática e desenvolvimento de competências gerenciais) | Oficina de desenvolvimento de competências gerenciais e compartilhamento de boas práticas | Em desenvolvimento |

*continua*

| Projetos | Especificação | *Status* |
|---|---|---|
| **Vale** | | |
| ❑ Mapa de Competências (gestão por competências) | Matriz de competências técnicas, gerenciais e que atendem aos valores Vale | Implantado |
| ❑ GED (repositório de documentos da organização) | Gestão eletrônica de documentos | Implantado |
| ❑ GDC (gestão de desempenho por competências) | Gestão de desempenho a partir de competências gerenciais | Implantado |
| ❑ PDEquipe (gestão por competências) | Identificação de competências prioritárias para as áreas e a elaboração de planos de desenvolvimento das respectivas equipes | Implantado |
| ❑ Carreira & Sucessão (provisão e desenvolvimento de talentos) | Estratégia para planejar a provisão e o desenvolvimento de talentos que possam representar uma vantagem competitiva | Implantado |
| ❑ Portal de Educação – Valer (*e-learning*) | Site na intranet da Valer - Educação Vale: divulgação dos conceitos de educação na Vale e das ações de desenvolvimento | Implantado |
| ❑ Modelos Educativos (trilhas técnicas e de desenvolvimento gerencial, mapa de desenvolvimento) | Itinerários de desenvolvimento profissional baseados no mapa de competências da organização. Desenvolvimento de competências técnicas e gerenciais relacionadas aos valores da Vale | Implantado |
| ❑ Ambiente de Colaboração em Equipe (comunidades de prática) | Ambiente colaborativo para compartilhamento de conhecimentos da empresa | Implantado |
| ❑ Certificação de competências técnicas (gestão por competências) | Sistema de mensuração do domínio de conhecimentos, habilidades e atitudes | Implantado |
| ❑ Sistema de Gestão Educacional LMS | LMS (Learning Management System) para gerenciar todas as ações de desenvolvimento | Implantado |
| ❑ Conhecer (gestão do conhecimento) | Site na intranet para divulgar conceitos, práticas e ferramentas da gestão do conhecimento | Implantado |

*continua*

| Projetos | Especificação | *Status* |
|---|---|---|
| **Câmara dos Deputados** | | |
| ❑ EAD (*e-learning*) | Sistema EAD de aprendizagem colaborativa | Implantado |
| ❑ Comunidades de Prática | Espaço direcionado para discussões e debates de temas relevantes e de interesse da Câmara | Implantado |
| ❑ Portal da Câmara na internet e intranet (portal aberto de informação) | Portal da Câmara na internet (www.camara.gov.br), que fornece ao cidadão informações sobre o processo legislativo, deputados e gastos públicos | Implantado |
| ❑ Bienal Câmara em Ideias (gestão do conhecimento e da inovação) | Concurso de novas ideias com o objetivo de estimular a participação dos servidores no aprimoramento das atividades internas | Implantado (4ª edição) |
| ❑ Páginas Amarelas (gestão do conhecimento) | Espaço para o registro de serviços e produtos da Câmara. Guia de serviços da Câmara, que indica os órgãos responsáveis pelos diversos serviços | Implantado |
| ❑ Banco de Talentos (gestão por competências) | Inventário de competências dos funcionários da Câmara (experiência, formação, produção técnico-científica e atividades literária, esportiva e artística) | Implantado |
| ❑ Gestão por Competências | Mapeamento das competências requeridas para os espaços ocupacionais, visando a análise dos *gaps* de competências e estruturação de trilhas de desenvolvimento aos servidores | Em desenvolvimento |
| ❑ Metodologia OKA (gestão do capital intelectual) | Metodologia do Banco Mundial com o objetivo de verificar o nível de preparação da organização na utilização adequada de seus ativos intelectuais | Implantado |
| ❑ Canal do Conhecimento (portal para o compartilhamento de conhecimento) | Espaço de compartilhamento de produção intelectual, manuais de serviço e estudos técnicos, entre outros conteúdos | Implantado |

*continua*

| Projetos | Especificação | *Status* |
|---|---|---|
| **Petrobras** | | |
| ❑ Comunidades de Práticas E&P | Redes para integrar especialistas de uma mesma área para solução de problemas técnicos | Implantado |
| ❑ Centros e Redes de Excelência (comunidades de prática e de interesses compartilhados) | Redes para desenvolvimento de visão e atuação sistêmica entre organizações, entidades públicas e sociais em cima de um mesmo tema de interesse | Implantado |
| ❑ Redes Temáticas (comunidades de prática e de interesses compartilhados) | Redes para integração de P&D entre a empresa e universidades | Implantado |
| ❑ Desafios Petrobras (gestão de conhecimento) | Estudos de casos de projetos da empresa suportados por narrativas de tomadas de decisão | Em desenvolvimento |
| ❑ Programa de Educação Intercultural (desenvolvimento de competências) | Programa para capacitação de técnicos e gestores da empresa para atuar internacionalmente | Em desenvolvimento |
| ❑ Gestão por Competências | Disponibilização de um modelo de competências para formação de técnicos e gestores da empresa | Implantado |
| ❑ Gestão de Ativos Intangíveis | Metodologia para identificação, desenvolvimento, valoração e proteção de ativos intangíveis | Em desenvolvimento |
| ❑ Gestão do Conhecimento em Gestão de Projetos | Metodologia para identificação de lições aprendidas e gerenciamento do conhecimento em escritórios de projetos | Em desenvolvimento |
| ❑ Sistema de Gestão da Engenharia (Mages – melhores práticas) | Sistema para implantação de empreendimentos da engenharia atualizado permanentemente com as lições aprendidas e melhores práticas dos diversos projetos da empresa | Implantado |
| ❑ Mapeamento de Ativos de Conhecimentos Estratégicos e Críticos | Identificação dos principais ativos de conhecimento de uma unidade organizacional associados à estratégia e à necessidade de sua prontidão | Em desenvolvimento |

*continua*

| Projetos | Especificação | *Status* |
|---|---|---|
| ❑ Mapeamento de Redes Organizacionais | Mapeamento de redes de relacionamento para identificação de problemas e otimização de relações organizacionais | Em desenvolvimento |
| **Serpro** | | |
| ❑ Programa de Sucessão (gestão do capital humano) | Mapeamento dos profissionais que atuam nos principais processos, detentores de conhecimento crítico, cuja ausência pode causar impacto nos resultados empresariais e cálculo do Índice de Perda de Capital Humano | Em desenvolvimento |
| ❑ Política e Norma de Propriedade Intelectual (compartilhamento e proteção do conhecimento) | Regulamentação do tema para que sejam resguardados os direitos da empresa e dos empregados | Em desenvolvimento |
| ❑ Gestão de Documentos e da Informação | Modelo de gestão da documentação e da informação | Em desenvolvimento |
| ❑ Banco de Talentos (gestão por competências) | Ferramenta tecnológica para apoiar a gestão por competências com base em taxonomia corporativa | Em desenvolvimento |
| ❑ Pesquisas Acadêmicas no Serpro (gestão da produção intelectual) | Sistemática de apoio à realização de pesquisas acadêmicas | Implantado |
| ❑ Biblioteca Virtual (memória técnica institucional) | Ambiente que reúne coleção digitalizada dotada de instrumento de gestão da informação | Em desenvolvimento |
| ❑ Conserpro (fóruns de compartilhamento de conhecimentos) | Fórum de debate de ideias inovadoras e experiências de sucesso | Implantado |
| ❑ Escola Virtual (*e-learning*) | Serviço de educação a distância, composto de ferramentas para a gestão da aprendizagem em ambiente colaborativo | Implantado |

Fontes: Banco do Brasil (diretoria de Gestão de Pessoas); Petrobras (DSG/GC); Vale (diretoria de RH e Desenvolvimento Organizacional e diretoria de Tecnologia da Informação); Serpro (Universidade Corporativa) e Câmara dos Deputados. Informações prestadas em 2008, diretamente pelas organizações aos autores, com a finalidade precípua de publicação nesta obra.

Até então, foram apresentados aspectos práticos e teóricos a respeito da gestão do conhecimento, a partir da realidade das empresas, no Brasil e no exterior. No quadro 8, serão feitas algumas considerações sobre modelos de gestão adotados pelas empresas nas últimas décadas. O objetivo é preparar o terreno para mostrar a você as interfaces entre a gestão do conhecimento e a gestão por competências.

Quadro 8
**PRINCIPAIS MODELOS DE GESTÃO EM EVIDÊNCIA NAS ÚLTIMAS DÉCADAS**

| Período aproximado | Pressão ou demanda do ambiente | Abordagem ou modelo de gestão | Principais obras e autores |
|---|---|---|---|
| 1950-60 | Expansão dos mercados e crescimento dos conglomerados multinacionais, exigindo abordagem gerencial voltada para o alcance de metas. | *Administração por objetivos*: orientação do sistema de produção e de vendas, visando o estabelecimento de metas de produção, de produtividade e de *marketing share*. | Drucker (1954, 1964, 1973) |
| 1960-70 | Acirramento da competitividade global com a entrada do Japão no mercado internacional. Crise de qualidade do pós-guerra. Forte pressão global por melhoria na qualidade de produtos e serviços. | *Gestão pela qualidade*: definição e alcance de padrões de qualidade para os produtos e serviços e eliminação dos desperdícios. Gestão pela qualidade significa busca de excelência nos processos; cultura de melhoria contínua; melhor relacionamento com os clientes e fornecedores; e envolvimento de todos os trabalhadores. | Crosby (1979), Juran (1988), Deming (1986), Feigenbaum (1983) |
| 1970-80 | Crises globais de energia e de liquidez das empresas, apontando a necessidade de antecipação de cenários. | *Gestão estratégica*: enfrentamento da competitividade global pela antecipação de cenários. Gestão com foco nas ameaças e oportunidades do ambiente e nas forças e fraquezas da organização. | Hindle e Field (1994), Ansoff (1977), Mintzberg, Quinn e Goshal (1995), Montgomery e Porter (1991), Mintzberg (1994), Ohmae (1992) |

*continua*

| Período aproximado | Pressão ou demanda do ambiente | Abordagem ou modelo de gestão | Principais obras e autores |
|---|---|---|---|
| 1980-90 | Crise dos mercados financeiros, queda da produção e do consumo. | *Reengenharia*: competitividade baseada em preços e apoiada em metodologia de otimização de processos, enxugamento do quadro de pessoal (*downsizing*) e redução de despesas. Reengenharia significa um redesenho dos processos de negócio com o objetivo de obter melhorias em três fatores: custos, serviços e tempo. | Hammer (1995), Champy (1995), Hammer e Champy (1993) |
| 1990-2000 | Globalização de mercados, acirramento da competitividade e desenvolvimento dos sistemas de comunicação e informação. Exigência de agilidade, diferenciação e inovação. | *Gestão por competências e gestão do conhecimento*: melhoria do desempenho organizacional e superação da concorrência, a partir do desenvolvimento de competências distintivas e da inovação permanente. | Prahalad e Hamel (1990), Davenport e Prusak (1998), Nonaka e Takeushi (1997), Le Boterf (1999) |

Diante do que foi apresentado, pode-se adiantar que as duas abordagens em destaque apresentam mais semelhanças do que diferenças. É o que se pretende mostrar a seguir, na sexta e última seção deste capítulo.

## Gestão do conhecimento e gestão por competências: elementos de um mesmo construto?

A exemplo das demais abordagens relacionadas no quadro 9, a gestão por competências e a gestão do conhecimento surgiram para responder a questões particulares do cenário organizacional. A emergência de ambas representa uma tentativa de resposta à necessidade de superação da concorrência num mercado globalizado, às exigências de agilidade, diferenciação e inovação contínua, às demandas de aprendizagem e de criação do conhecimento para lidar com questões inéditas e surpreendentes que surgem a cada dia no contexto organizacional.

Apesar das diferenças de ordem semântica, os princípios fundamentais que norteiam essas duas abordagens revelam-se similares. Seus focos principais são a competência, o conhecimento e a inovação, fontes por excelência para a conquista de vantagem competitiva sustentável.

O desenvolvimento de competências, como comentado, dá-se por meio da aprendizagem, envolvendo simultaneamente a assimilação de conhecimentos e a aquisição de habilidades intelectuais (domínio cognitivo), o desenvolvimento de habilidades manipulativas (domínio psicomotor) e a internalização de atitudes (domínio afetivo). Como a gestão do conhecimento dedica atenção especial ao estudo da dimensão cognitiva, pode-se dizer que ela promove o desenvolvimento de competências. E a competência, uma vez desenvolvida, faz nascer novas necessidades, ensejando a criação de novos conhecimentos. Ou seja, a gestão por competências ocorre através da gestão do conhecimento e vice-versa.

Embora ainda estejam em construção, conforme comentado, pode-se perceber que a gestão por competências e a gestão do conhecimento parecem complementar-se no âmbito da administração estratégica. Estão situadas no contexto maior da economia das organizações e possuem o mesmo pressuposto: o de que a posse de recursos raros, valiosos e de difícil imitação confere à organização certa vantagem competitiva. Tais recursos, por sua vez, são representados sobretudo pelos conhecimentos e pelas competências das pessoas que trabalham na organização.

Em que pese à similaridade de objetivos e perspectivas, as abordagens metodológicas dos modelos conduzem a diferentes raciocínios de gestão. Projetos de gestão do conhecimento, por exemplo, buscam mapear e transferir conhecimentos críticos dos processos organizacionais. Já os projetos de gestão por competências estão preocupados em compreender as competências dos funcionários em face das competências organizacionais (equipes) e profissionais (cargos ou funções) desejadas. No primeiro caso (gestão de conhecimento), o diagnóstico e registro (mapeamento) dos conhecimentos buscam a transferência de saber, a inovação e a constituição de memória técnica, requisitos importantes para o sucesso organizacional. No segundo caso (gestão por competência), o controle dos *gaps* de competências possibilita induzir os funcionários à melhoria contínua da base de saber necessária ao sucesso dos trabalhos. Não é por outra razão que os softwares mais conhecidos de gestão de conhecimento estão voltados para a organização e consulta de arquivos eletrônicos, constituição de bibliotecas digitais e sistema de capacitação e transferência de conhecimentos mediante *e-learning*. Na gestão por competências, os softwares mais disseminados organizam bancos de talentos, mapeando e mensurando competências (conhecimentos, habilidades, desempenho) dos funcionários. Os dois modelos preocupam-se com o desenvolvimento do capital humano, com os sistemas de aprendizagem e com a proteção do patrimônio intelectual gerado, presente no processo e nos funcionários.

O quadro 9 compara objetivos, metodologia e aplicações da gestão por competências e da gestão do conhecimento, reforçando a ideia de que se trata de abordagens complementares.

Quadro 9

**Diferenças e semelhanças entre a gestão do conhecimento e a gestão por competências**

| Objeto de comparação | Abordagem | |
|---|---|---|
| | Gestão do conhecimento | Gestão por competências |
| Objetivo | Melhoria do desempenho pela criação de conhecimento gerador de inovação. | Melhoria do desempenho pelo desenvolvimento de competências que conferem diferenciação e competitividade. |
| Proposta metodológica | Mapeamento e registro do conhecimento crítico. | Mapeamento das competências humanas e organizacionais. |
| Forma de proteção do patrimônio intelectual | Sistema de memória técnica baseada em mecanismos de salvaguarda do conhecimento (direitos de *copyright*, patentes, marcas, registros etc.). | Constituição de bancos de talentos, visando à retenção, apoiado em mecanismos de mensuração e certificação de competências. |
| Impactos na gestão | Aprimoramento dos sistemas de informação, com impactos positivos nos processos decisórios. Desenvolvimento de sistemas de aprendizagem, de capacitação e de transferência do conhecimento organizacional e pessoal. | Facilitação do planejamento estratégico e da gestão da força de trabalho. Orientação dos subprocessos de gestão de pessoas (identificação e alocação de talentos, educação corporativa, remuneração e benefícios e avaliação de desempenho). |
| Foco do processo de aprendizagem | Domínio cognitivo (conhecimentos e habilidades intelectuais). | Domínios cognitivo, psicomotor e afetivo (conhecimentos, habilidades e atitudes). |

O próximo capítulo é dedicado à gestão do capital intelectual, vertente da gestão do conhecimento e da gestão por competências. Será dada ênfase a metodologias de mensuração de ativos intangíveis.

# 4

# Gestão do capital intelectual: a mensuração de ativos intangíveis

Depois de tudo que você leu, será mais fácil entender por que o conhecimento é a grande riqueza das organizações. Em uma era cada vez mais mundializada, de mercados competitivos, em que a comunicação expõe online a qualidade e a deficiência dos produtos e serviços vendidos, inovar significa sobreviver. A inteligência organizacional representada pelos sistemas de informação e conhecimento, pelas competências dos funcionários, pela qualidade dos processos de produção e de atendimento ao cliente tornou-se fator decisivo no ambiente competitivo contemporâneo. O conhecimento passou a ser visto como o grande diferencial da produção. A gestão desses ativos intangíveis, determinantes para o crescimento e a sustentação das empresas, passa a ter crucial importância para o sucesso das organizações.

O capítulo anterior já lhe ofereceu uma visão da importância do conhecimento para as empresas e enfatizou este argumento. Neste capítulo, especial atenção será dedicada à importância estratégica do capital intelectual (CI) e sua relevância para a competitividade das empresas. Serão abordados o conceito de capital intelectual e os modelos de gestão e mensuração de ativos intangíveis na perspectiva dos principais teóricos da matéria, em especial Kaplan e Norton (2004), Edvinsson e Malone (1998), Stewart (1998) e Sveiby (1998). Serão apresentados, ainda, diversos indicadores de CI desenvolvidos pelos teóricos, dentro de estruturas de navegação que facilitam a visualização dos ativos intangíveis, indicando a posição, a direção e a velocidade da organização na gestão e no desenvolvimento desses patrimônios de conhecimento. Especial foco será dado ao mais importante ativo entre todos os intangíveis estudados: o capital humano. Sobre ele serão analisadas também as visões de Davenport (2001) e Fitz-enz (2001), autores que se dedicaram ao estudo da gestão e da mensuração da dimensão humana no trabalho. O primeiro, numa perspectiva qualitativa; o segundo, na dimensão financeira. Por falar em ativos, como a contabilidade tradicional responde ao desafio da mensuração de intangíveis?

## A contabilidade tradicional

A contabilidade tradicional é um sistema de informação e avaliação do patrimônio e das operações financeiras de uma organização. Para o Conselho Federal de Contabilidade, o objetivo da contabilidade manifesta-se na correta apresentação do patrimônio e na apreensão e análise das causas de sua mutação. Sua função é prover os usuários com informações sobre aspectos de natureza econômica, financeira e física do patrimônio da entidade.[7] A contabilidade é uma metodologia historicamente validada para avaliação e controle das operações de uma organização dentro da lógica financeira. Trata-se de um método

[7] Resolução CFC nº 774, de 16-12-1994, apêndice à Resolução nº 750, de 29-12-1993, sobre os Princípios Fundamentais da Contabilidade.

confiável e indispensável de mensuração do patrimônio financeiro ou tangível das organizações. Se as empresas têm em mãos uma metodologia adequada e oficial para avaliação do seu patrimônio tangível, o mesmo não se pode dizer para o seu patrimônio intangível. Na sociedade do conhecimento, o maior patrimônio das organizações é o saber e este não está sendo devidamente mensurado.

Aproximadamente dois terços do PIB mundial e dos empregos são oriundos de organizações do setor de serviços, desse grande mercado do conhecimento (Sveiby, 1998). De forma geral, as empresas trabalham com esse sistema tradicional de avaliação contábil que não possibilita uma compreensão clara do tamanho dos seus ativos intangíveis. Como exemplo, imagine-se adquirindo uma organização do conhecimento.[8] Uma consultoria, por exemplo. Essa empresa não tem estoque de produtos, não tem máquinas e equipamentos industriais, a não ser computadores, equipamentos comuns em qualquer empresa do mundo. O que você estará comprando de fato? Mesas, cadeiras, computadores, instalações físicas? Claro que não! Isso é o que menos importa. Você estará comprando o capital intelectual dessa organização, traduzido na competência técnica dos consultores, no modelo de gestão implantado, na motivação dos funcionários, nos sistemas de auditoria e arquivos, no portfólio de clientes e na imagem da organização perante o mercado. Você estará comprando a competência de um grupo de pessoas numa base de operação e rede de relacionamentos existentes. Como medir isso? Pode-se afirmar que é muito difícil gerenciar aquilo que não se pode mensurar. Saber avaliar os

[8] O termo "organização do conhecimento", cunhado por Sveiby (1998:23-24), qualifica aquelas empresas em que a maioria dos funcionários é de profissionais altamente qualificados e com alto nível de escolaridade, isto é, trabalhadores do conhecimento.

ativos intangíveis passou a ser uma necessidade crítica para a maioria das organizações, principalmente aquelas voltadas para serviços e de tecnologia de ponta. Afinal, se as organizações mudaram a sua essência de funcionamento e desenvolveram suas bases patrimoniais a partir do saber das pessoas, urge mudar a metodologia de contabilização dos ativos dessas empresas. E como se faz isso? Até que ponto isso é possível ou factível?

Os sistemas de avaliação de ativos têm sido dominados pelo uso exclusivo de variáveis financeiras, como se ainda estivéssemos em uma era industrial, que transforma tudo única e exclusivamente em padrão monetário. O objetivo principal desse modelo de contabilidade (de mais de 500 anos) é indicar o resultado econômico. Deduzindo-se as despesas efetuadas de toda a receita realizada, chega-se ao lucro, ou seja, àquilo que sobra para os acionistas. Dentro dessa lógica, os investimentos em pesquisa e desenvolvimento e na capacitação dos funcionários, por exemplo, são expressos em dinheiro e contabilizados como custos. E aí cabem várias questões: quando uma empresa demonstra lucros crescentes, em função da redução nos investimentos em P&D ou da diminuição dos investimentos em capacitação, trata-se de lucro sustentável ou não? Como será que essa empresa está se preparando para o futuro? Sua linha de produtos é suficientemente moderna para sobreviver às inovações do mercado? A desativação do sistema de capacitação terá desdobramentos futuros, na qualidade da produção e na produtividade do trabalhador? Sveiby (1998:184) afirma que, definitivamente, os "lucros não são uma boa medida de comparação entre empresas possuidoras de grandes ativos intangíveis". Os lucros, se tomados isoladamente nesses casos, podem não ser uma boa medida de comparação. Há outros indicadores complementares.

O método tradicional de contabilidade confere valor às empresas que possuem ativos tangíveis, expressos monetariamente, tais como os ativos *circulantes* (caixa, estoques, contas a receber), *permanentes* (móveis, imóveis, equipamentos) e *investimentos* (ações). O patrimônio intangível, em grande parte, não é mensurado. A contabilidade não consegue avaliar, por exemplo, o valor de marcas conhecidas como Microsoft, IBM, GM, GE, Coca-Cola, Petrobras, Banco do Brasil e Embraer. Da mesma forma, é incapaz de mensurar a capacidade de inovação da 3M, de miniaturização da Sony ou de prospecção de petróleo em águas profundas da Petrobras.

A perspectiva tradicional de avaliação de patrimônios não foi estruturada para fazer esse tipo de mensuração. Edvinsson e Malone (1998:22) afirmam que uma organização possui quatro tipos de ativos: circulantes, permanentes, investimentos e intangíveis. "Os ativos intangíveis constituem a felicidade e a desgraça da contabilidade. Por um lado, a categoria é um saco de gatos para todos os ativos corporativos que, mesmo sendo transitórios, simplesmente não se enquadram naquelas três categorias admiravelmente rígidas." A contabilidade tradicional é incapaz, portanto, de traduzir os ativos intangíveis das organizações.

Outra questão importante refere-se à perspectiva temporal dos sistemas de mensuração. A contabilidade tradicional reflete as transações financeiras pretéritas de uma organização, ou seja, transações que já ocorreram. Dentro dos seus limites, é capaz de oferecer projeções da saúde financeira da empresa. Entretanto, é incapaz de sinalizar algo sobre questões qualitativas, como a fidelidade e a satisfação da clientela, a credibilidade da marca, a base de competência instalada, a qualidade das relações de trabalho ou a motivação dos funcionários. Esses fatores intangíveis projetam, em essência, uma capacidade de ação presente para geração de resultados futuros. Enquanto a contabilidade tradicional preocupa-se em mostrar o passado, os indicadores de capital intelectual procuram demonstrar a capacidade que a empresa tem, hoje, para avançar no futuro. Nessa perspectiva, acredita-se que a contabilidade não será substituída, mas sim apoiada para, junto com outras dimensões de avaliação, apresentar um cenário mais próximo da realidade dos ativos e passivos organizacionais.

Em que pese a essas considerações, muito pouco tem sido feito sob o aspecto legal, no sentido de mudar essa realidade, incorporando-se os novos métodos de avaliação de intangíveis desenvolvidos, tamanha é a predominância dos métodos contábeis em vigor.

Há várias frentes de explicação. Sveiby (1998:233), por exemplo, comenta por que as empresas não investem em indicadores dessa natureza e, quando investem, por que temem a divulgação. Além da ausência de regras legais, questão norteadora e fundamental, acrescenta outros motivos:

- receio de que esses indicadores possam ser demasiadamente reveladores;
- muitos gerentes consideram essas informações desnecessárias;
- não saber como esses cálculos podem ser utilizados para monitorar as operações;
- não existe um modelo teórico rigoroso para esse tipo de relatório, o que dificulta a comparação.

Não obstante, o que se observa é que os analistas de mercado estão sempre à procura de informações qualitativas que sinalizem possíveis reflexos no desempenho futuro das organizações. Inovação na linha de produtos, rapidez de resposta a uma necessidade de mercado, crises e disputas internas, moral baixo dos funcionários e clientela insatisfeita, todos esses fatores são sinalizadores de resultados. Edvinsson e Malone (1998:58) comentam:

> A empresa pode ter perdido um gerente importante, ou o CEO pode estar sendo processado por uma antiga funcionária por assédio sexual, ou a empresa está obtendo uma importante autorização para operar em um novo mercado potencialmente grande. Ou pode ocorrer que a companhia tenha acabado de registrar a patente da mais importante invenção da década. Essas informações são, com frequência, irritantemente obscuras, precisamente porque a empresa que as divulga não quer torná-las claras e as regras contábeis facilitam tal atitude.

Em suma, para que continue a exercer o papel de fornecedor de informações relevantes para a tomada de decisões, avaliações e julgamentos, a contabilidade precisa adaptar-se às novas características da sociedade contemporânea, hoje pautada no conhecimento e estruturada em novas bases econômicas, sociais, políticas e tecnológicas (Antunes, 2000).

## Ativos intangíveis

Há muito tempo que o mercado acionário vem sinalizando que os registros e balanços contábeis não decidem mais o valor das companhias (Edvinsson e Malone, 1998; Stewart, 1998; Sveiby, 1998). O humor do mercado de ações varia muito mais em função das novidades ditas intangíveis do que propriamente por causa das evoluções dos indicadores financeiros. A lucratividade ainda se mantém como um indicador importante. Ocorre que mudanças de base tecnológica, novas descobertas, fraudes, greves, domínios sobre grupos de consumidores e poder de influência na internet impactam sobremaneira o valor das ações das companhias.

Hoje, o mercado de ações representa basicamente o único modelo financeiro de avaliação da "credibilidade instantânea"[9] de uma empresa. Através dele, pode-se conhecer o valor de mercado dessa companhia. Em que pese às oscilações, manipulações e movimentos especulativos do mercado acionário, é o modelo existente e praticado. É por meio dele que as grandes empresas, entre elas as do conhecimento, podem se projetar e se financiar.

Edvinsson e Malone (1998) afirmam que o valor de mercado de uma empresa é a soma do capital financeiro com o capital intelectual. Quando a Microsoft atinge um valor de mercado cerca de 100 vezes o seu patrimônio líquido, isso significa que o seu ativo intelectual vale 99% do valor da companhia (Stewart, 1998). A maioria das empresas que operam com alta tecnologia e possuem produtos e serviços com credibilidade e aceitação no mercado mostra um valor de mercado dezenas de vezes superior ao valor contábil (patrimônio líquido). Entre elas estão a Coca-Cola, Wal-Mart, Intel, SAP, Sun, GE e Oracle.

É fato que a ausência de um modelo básico, para não dizer mínimo, de avaliação de intangíveis termina por permitir manipulações grosseiras, possibilitando superestimar ou subestimar os ativos. A instabilidade da bolsa Nasdaq, que opera basicamente com as empresas de alta tecnologia (conhecidas como empresas *ponto com*), é o reflexo de um modelo especulativo que prospera no contexto da miopia do sistema contábil dominante. A par de tudo isso, pode-se concluir que, de fato, o valor de mercado das empresas é significativamente influenciado pela opinião vigente no mercado acionário. Essa opinião é construída

[9] A variação diária da cotação das ações de qualquer sociedade anônima retrata o que se chamou de "credibilidade instantânea" de uma empresa. A descoberta de um poço de petróleo pode aumentar o valor das ações de uma companhia petrolífera e um desastre ambiental pode derrubá-lo.

e transformada em dinheiro, representado pelo valor das ações, com base nos informes financeiros e não financeiros, nas auditorias legais, nas informações de bastidores, nas declarações de executivos, nos boatos, nas descobertas e inovações que, de uma forma ou de outra, se tornam públicas.

Portanto, investir em métodos de mensuração de ativos intangíveis representa mais que uma necessidade empresarial. É uma necessidade do mercado global que pode dar mais justiça e equilíbrio às relações do mercado acionário. Não vai solucionar todos os problemas, mas pode, em alguma medida, minimizá-los.

Para você ter uma idéia da evolução da importância do capital intelectual, segundo Edvinsson e Malone (1998), o patrimônio contabilizado (ativo tangível) das organizações vale somente entre 6 e 20% do seu valor total.

Se o mercado não valoriza como antes o patrimônio tangível é porque os ativos intangíveis se tornaram fundamentais. O que seriam, de fato, esses ativos intangíveis? Neles estão as patentes, marcas registradas, direitos autorais, direitos exclusivos de comercialização, tecnologia da linha de produção, o portfólio de clientes fiéis e satisfeitos, a competência dos funcionários, o modelo de gestão e liderança, a capacidade de inovação, os bancos de dados, entre outros que serão vistos adiante. Como esses ativos são decisivos para qualquer organização, então vem a pergunta: por que não mensurá-los, se são tão importantes?

Não há mais dúvidas de que as organizações contemporâneas estão premidas por demandas essencialmente intangíveis (Edvinsson e Malone, 1998): flexibilizar sua linha de produção, inovar seus produtos e serviços, garantir qualidade em seus produtos, adaptar-se rapidamente ao contexto do mercado, encantar o cliente, manter os funcionários capacitados, motivados e satisfeitos. Todos esses fatores são, *a priori*, de difícil mensuração, porque guardam um alto grau de subjetividade. De outro lado, em sua maioria, os fatores listados não são econômicos e dependem de complexos e caros estudos de correlação e impacto financeiro para justificar novos investimentos. São, ainda, por seu caráter qualitativo, suscetíveis a vários tipos de manipulação. É relevante essa tentativa de construção de indicadores confiáveis em capital intelectual, que possibilite parametrizar, de alguma forma, os ativos intangíveis no ambiente empresarial. Mas será que isso é realmente possível? Pretende-se mostrar que sim, no transcorrer deste capítulo.

## *Uma nova forma de avaliar um ativo*

Avalie o impacto da incompetência gerencial nos ativos intelectuais de uma organização qualquer. Imagine uma empresa com muitos funcionários e alguns deles muito competentes para o trabalho. Acima deles, um chefe que se comporta de forma discricionária, autoritária e centralizadora.[10] Ao dificultar o trabalho desses funcionários, irá impedi-los de realizar plenamente as suas atividades. De um lado, os funcionários muito competentes no trabalho são um ativo potencial de grande valor para qualquer empresa. De outro, a incompetência do gerente representa um depreciador desse ativo intelectual, pois opera como um obstáculo para a realização humana. Entretanto, o gestor pode, se preparado, atuar como uma alavanca para seus liderados realizarem o máximo de suas capacidades. Esse exemplo permite mostrar a peculiaridade dos ativos intangíveis. Para ser bem-sucedida, não basta uma empresa ter boa sede, computadores novos, sistemas de comunicação. Ela pre-

[10] Comportamentos gerenciais nesse sentido não são incomuns. Sobre o assunto, ver Carbone (1991, 1993, 2000).

cisa ter bons clientes ou, pelo menos, capacidade de conquistá-los. Para isso, precisa de bons produtos e serviços e, principalmente, de funcionários capazes de entender o problema do cliente e motivados para bem atendê-lo. Mas tudo isso precisa ser bem administrado. Isso significa uma relação de trabalho sadia, ou seja, processos de gestão de pessoas capazes de promover a satisfação, a motivação e o desenvolvimento da competência do trabalhador. Lembre-se: dinheiro não pensa! Máquina não tem criatividade. Prédio serve apenas para proteger as pessoas e os equipamentos. Quem compra é o cliente. Mas quem cria, diferencia e inova é o funcionário.

### *Compartilhamento de objetivos*

Enquanto os ativos tangíveis são propriedade da empresa, a maioria dos ativos intangíveis não é propriedade sua. Os clientes não são propriedade da empresa. Os funcionários também não. Aqui não se trata de uma relação de propriedade, mas de compartilhamento de objetivos. A empresa do conhecimento é aquela que tem competência para administrar grandes redes de colaboradores, sejam eles fornecedores, funcionários, prestadores de serviços, clientes e demais agentes, inclusive o governo. "As empresas não possuem o capital humano e do cliente" (Stewart, 1998:145). Trata-se de uma relação de compartilhamento de objetivos, e não de propriedade. Somente reconhecendo essa relação de compartilhamento é que uma empresa pode gerar resultados crescentes com esses ativos. A fórmula da mensuração dos ativos intangíveis começa a se clarificar.

## Modelos de gestão do capital intelectual (CI)

Para uma empresa ter sucesso, ela precisa possuir mais do que o patrimônio tangível. Este, embora importante, configura apenas o suporte da inteligência humana no trabalho. Por isso, vários teóricos apresentaram modelos de gestão do capital intelectual, ou seja, sistemas de avaliação de ativos intangíveis. Quatro modelos serão apresentados a partir de agora. São eles: o *balanced scorecard* (BSC), de Kaplan e Norton (2004); o navegador da Skandia, de Edvinsson e Malone (1998); o radar, de Stewart (1998); e o sistema de gerenciamento e avaliação de patrimônios de conhecimento, de Sveiby (1998). Todos esses autores são internacionalmente conhecidos no campo das pesquisas de ativos intangíveis. Eles estruturaram modelos similares. Sugerem que os gerentes devem administrar o ambiente e o espírito da empresa, em vez de simplesmente supervisionar os funcionários. Também recomendam que a alta gerência monitore esse ambiente, utilizando indicadores de capital intelectual. Eles ensinam como alcançar o sucesso financeiro: ampliar o foco para os ativos intangíveis, monitorando indicadores para esses ativos, em vez de utilizar apenas os indicadores financeiros tradicionais.

Os trabalhos de todos esses autores tiveram importante repercussão, estimulando o debate sobre a matéria. Hoje, são referenciais teóricos sobre como as organizações devem basear seus futuros. Todos trabalham, de alguma forma, com analogias e metáforas fortes para a fixação dos seus modelos de CI. Por exemplo, Kaplan e Norton (2004) operam com a imagem de balanceamento e equilíbrio, que resultou na denominação *balanced scorecard*, entre as dimensões de mensuração de ativos tangíveis e intangíveis. Edvinsson e Malone (1998), por meio do navegador de capital intelectual da Skandia, utilizam a metáfora da casa para explicar o seu modelo de CI. Por meio da metáfora, que adiante será explicada em detalhes, o leitor tem a possibilidade de compreender: a ideia de unidade patrimonial (capital intelectual e capital financeiro); a relação entre as dimensões do capital intelectual; e as perspectivas temporais de mensuração de ativos — passado (capital financeiro), presente e futuro (capital intelectual). Stewart (1998) utiliza a metáfora do "radar de múltiplos eixos", cada eixo representando um indicador de capital intelectual. A ferramenta de navegação permite visualizar onde a empresa está em termos de CI e onde deve chegar, conforme mostra a figura 7.

No que tange ao trabalho de Sveiby (1998), embora ele apresente uma simples matriz de indicadores de CI, o título da sua obra aqui referenciada — *A nova riqueza das organizações: gerenciando e avaliando patrimônios de conhecimento* — faz analogia à clássica obra de Adam Smith — *A riqueza das nações* —, enfatizando a mudança que seu modelo de mensuração de ativos parece propor.

Sveiby (1998) esclarece o fenômeno dos ativos intangíveis e oferece ao leitor um modelo de gestão e mensuração desses ativos, que ensina como trabalhar os conhecimentos de clientes e funcionários para construir uma organização bem-sucedida. Ele testou e implantou o seu modelo na WM-data, uma grande empresa de desenvolvimento de software e consultoria da Suécia, preocupada com o crescimento da base de conhecimentos dos seus funcionários.

Para Sveiby (1998), os patrimônios de conhecimento são a nova riqueza das organizações. Esta parte invisível do balanço patrimonial consiste, na perspectiva desse autor, na *competência dos funcionários*, na *estrutura interna* e na *estrutura externa*. Segundo esse autor, o dever dos gerentes é desenvolver os ativos de uma organização, sejam eles tangíveis ou intangíveis. Entretanto, para compreender a organização do conhecimento, os gerentes devem procurar enxergar suas organizações como se elas fossem constituídas de estruturas de conhecimento, e não de capital financeiro. Por isso, sugere que tais estruturas de conhecimento sejam divididas em três dimensões de ativos intangíveis:

- *competência do funcionário* — a capacidade que os funcionários têm de agir em diversas situações. "A competência do funcionário deveria ser incluída no balanço patrimonial dos ativos intangíveis porque é impossível conceber uma organização sem pessoas. Além disso, as pessoas tendem a ser fiéis se forem tratadas de forma justa e tiverem a sensação de responsabilidade compartilhada" (Sveiby, 1998:11);
- *estrutura interna* — engloba patentes, conceitos, modelos e sistemas, inclusive os de informação, ou seja, a organização do sistema de produção. Nesta dimensão, está incluída a cultura organizacional;
- *estrutura externa* — constituída pelas relações com os clientes e fornecedores, incluindo também marcas registradas e a reputação ou imagem da organização. O valor desses ativos é determinado pelo grau satisfatório com que a empresa soluciona os problemas dos seus clientes.

Sveiby (1998) desenvolveu também um conjunto de indicadores para cada tipo de ativo intangível. Os indicadores de crescimento e renovação projetam a capacidade de mudança da organização. Os indicadores de eficiência e eficácia retratam como a organização utiliza sua capacidade instalada (eficiência) e como satisfaz os clientes e parceiros (eficácia). Os indicadores de estabilidade, por sua vez, retratam a estabilidade e a força da organização no mercado.

O quadro 10 apresenta as três dimensões de ativos intangíveis, cada qual com o seu respectivo conjunto de indicadores: *crescimento e renovação, eficiência*[11] *e estabilidade.*

---

[11] A categoria recebe de Sveiby (1998) a denominação *eficiência*, embora contenha indicadores de eficiência e de eficácia.

Quadro 10

**INDICADORES DE ATIVOS INTANGÍVEIS**

| Dimensões | Ativos intangíveis | | |
|---|---|---|---|
| | **Estrutura externa (marcas, relações com clientes e fornecedores)** | **Estrutura interna (gerência, estrutura legal, sistemas, manuais, P&D, software e cultura organizacional)** | **Competência individual (escolaridade, experiência e desempenho)** |
| Crescimento e renovação | 1. Lucratividade por cliente<br>2. Crescimento orgânico | 1. Investimento em estrutura interna<br>2. Investimento em sistemas de processamento de informações<br>3. Contribuição dos clientes para a estrutura interna | 1. Tempo de profissão<br>2. Nível de escolaridade<br>3. Investimentos em T&D<br>4. Clientes que aumentam a competência dos funcionários<br>5. Graduação (níveis funcionais) |
| Eficiência | 3. Índice de clientes satisfeitos<br>4. Índice de ganhos e perdas<br>5. Vendas por cliente | 4. Proporção de pessoal de suporte<br>5. Vendas por funcionário de suporte<br>6. Medidas de avaliação de valores e atitudes | 6. Distribuição de profissionais na empresa<br>7. Efeito de alavancagem dos profissionais<br>8. Valor agregado por profissional |
| Estabilidade | 6. Proporção de grandes clientes<br>7. Estrutura etária — longevidade do cliente<br>8. Taxa de clientes dedicados<br>9. Frequência da repetição de pedidos | 7. Idade da organização<br>8. Rotatividade do pessoal de suporte<br>9. Taxa de novatos | 9. Média etária<br>10. Tempo de serviço<br>11. Curva de remuneração da empresa ante a concorrência<br>12. Taxa de rotatividade dos profissionais |

Fonte: Sveiby (1998:195-220), com adaptações.

Por sua vez, o navegador de capital intelectual (CI) de Edvinsson e Malone (1998), implantado na empresa Skandia,[12] é um modelo muito divulgado e conhecido internacionalmente. Tornou-se uma das principais referências metodológicas de gestão e mensuração de capital intelectual.

Para Edvinsson e Malone (1998:41), esses ativos intangíveis, ou o denominado capital intelectual (CI), representam "a posse de conhecimento, experiência aplicada, tecnologia organizacional, relacionamento com clientes e habilidades profissionais que proporcionem (...) uma vantagem competitiva no mercado". A parte invisível da organização traduz o caráter essencial da sua vocação, seu comportamento e sua capacidade de ação.

Ao recorrer à analogia da árvore para melhor explicitar o conceito dos ativos intangíveis, Edvinsson e Malone (1998:29) explicam que as raízes não estão visíveis, estão ocultas sob a terra, mas são determinantes para a sobrevivência da árvore. Embora bela, frondosa e cheia de frutos, a árvore pode estar morrendo se tiver suas raízes atacadas por cupins. Nas organizações, essa parte não visível seria constituída pela sua cultura, seus valores, sua capacidade de liderança, seus processos internos. Uma organização mal-administrada perde o foco e muitas vezes enfraquece a raiz das relações e dos valores. "É o comportamento inevitável de gerentes que são recompensados por cortarem custos e respondem pela eliminação não dos galhos mortos, mas do cerne da árvore." Uma empresa que não desenvolve suas lideranças, o valor do bom atendimento, a ética nos relacionamentos, a qualidade nos produtos, perde a essência e enfraquece na raiz sua capacidade de realização de bons negócios.

[12] A Skandia, empresa sueca do setor financeiro, foi a primeira empresa do mundo a publicar, em 1995, o *Relatório anual sobre capital intelectual*.

Edvinsson e Malone (1998) trabalham com quatro dimensões, uma de capital financeiro e três de capital intelectual (*humano, estrutural* e *clientes*), definidas como se segue.

- O *capital humano* representa toda a capacidade, conhecimento, habilidade e experiências individuais dos funcionários. Além da soma dessas variáveis, considera-se também capital humano a dinâmica da organização na potencialização desse capital, visando à melhoria dos processos de produção e atendimento ao cliente. Assim, capital humano pode ser definido como a qualidade do sistema de capacitação e de compartilhamento de competências dos funcionários. O capital humano produz inovação e conhecimento. O que os líderes precisam fazer é captar, reter e compartilhar o conhecimento, para que ele possa ser socializado em toda a organização. Isso é capital estrutural, ou seja, o conhecimento que "não vai para casa após o expediente", na medida em que perpassa a organização, e não pertence individualmente a um de seus membros. Assim, pode-se perceber que o capital estrutural tem a sua origem no capital humano.
- O *capital estrutural* representaria, então, o arcabouço, o *empowerment* e a infraestrutura que apoiam o capital humano. Pode, também, ser entendido como a capacidade organizacional, a operação dos sistemas físicos utilizados para transmitir e armazenar conhecimento. Para melhor explicar o conceito, Edvinsson e Malone dividiram o capital estrutural em três subdimensões (organizacional, de inovação e de processos):

> O capital organizacional abrange o investimento da empresa em sistemas, instrumentos e filosofia operacional que agilizam o fluxo de conhecimento pela organização, bem como em direção a áreas externas, como aquelas voltadas para os canais de suprimento e distribuição. Trata-se da competência sistematizada, organizada e codificada da organização e também dos siste-

mas que alavancam competência. O capital de inovação refere-se à capacidade de renovação e aos resultados da inovação sob a forma de direitos comerciais amparados por lei, propriedade intelectual e outros ativos e talentos intangíveis utilizados para criar e colocar rapidamente no mercado novos produtos e serviços. O capital de processos é constituído por aqueles processos, técnicas (como o ISO 9000) e programas direcionados aos empregados, que aumentam e ampliam a eficiência da produção ou a prestação de serviços. É o tipo de conhecimento prático, empregado na criação contínua de valor.

(Edvinsson e Malone, 1998:31-32)

- O conceito de *capital clientes* não é propriamente novo. Quando uma empresa é vendida por um valor maior que seu patrimônio líquido contabilizado, a diferença pode ser oriunda do reconhecimento explícito da existência de uma clientela fidelizada. Para Edvinsson e Malone (1998), a lógica de *goodwill*, que pode ser entendido como freguesia (fidelidade da clientela) no Brasil, é a gênese do conceito.[13] Para esses autores, medir tal solidez e fidelidade é o grande desafio. Para isso, citam como índices de capital clientes as seguintes medidas: satisfação, longevidade e sensibilidade a preços, entre outros.

Essas três dimensões de capital intelectual estão presentes no navegador da Skandia, conforme ilustra a figura 6, consti-

[13] O conceito de *goodwill* não se resume somente à fidelidade da clientela. O termo vem sendo relacionado, também, à excelência do sistema de comercialização, à localização privilegiada, à qualidade da governança, a processos industriais excelentes, à profissionalização dos funcionários e a *staffs* eficientes. "Todos esses fatores vieram sendo apontados como os responsáveis (ou fatores contribuintes) pela geração de lucro da empresa a longo prazo e não reconhecidos pela contabilidade" (Antunes, 2000:84). *Goodwill* pode ser definido como a diferença entre o valor atual da empresa, ou seja, sua capacidade de geração de lucros futuros, e o valor econômico de seus ativos, apresentando, portanto, uma característica residual (Antunes, apud Monobe, 1986).

tuindo um grande painel de instrumentos para medir os ativos intangíveis da empresa. Três dimensões temporais de mensuração (passado, presente e futuro) são propostas. O passado é representado pelo capital financeiro, mensurado por indicadores financeiros. O presente é medido por indicadores dos capitais clientes, processos (estrutural) e humano. É o cliente, no presente, adquirindo o produto ou serviço que o funcionário processa e oferece. Quando acompanha essas três dimensões, a empresa busca garantir a satisfação do cliente, a qualidade da linha de produção e o comprometimento dos funcionários. O futuro, por sua vez, é monitorado por indicadores de capital renovação e desenvolvimento, com ênfase na capacidade de inovação que sustente ou melhore a posição da empresa no mercado. Nesse item, situa-se a infraestrutura de desenvolvimento profissional, de planejamento de novas linhas de atuação e de pesquisa e desenvolvimento.

Figura 6

**O NAVEGADOR DE CAPITAL INTELECTUAL DA SKANDIA**

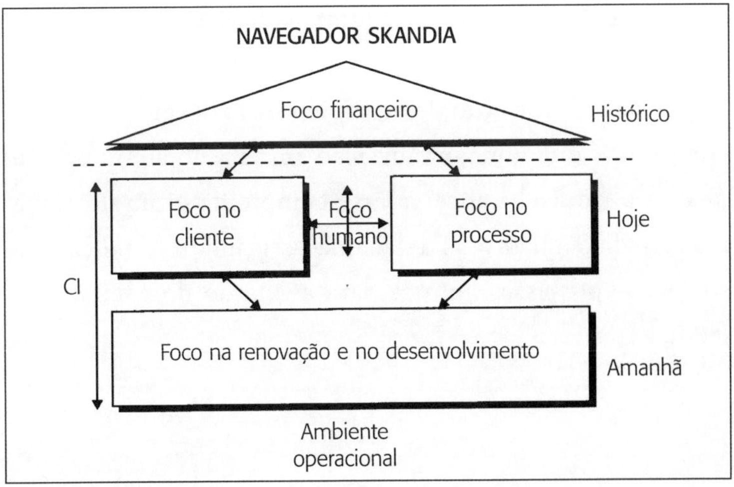


Fonte: Edvinsson e Malone (1998:60).

Na concepção desses autores, o capital humano deve ser entendido como fundamental e nuclear, pois representa a "alma da casa". Constitui o coração, a inteligência e a essência da organização. "Como única força ativa na organização, ela alcança todas as outras regiões do CI (...) consistindo na competência e capacidade dos colaboradores, no compromisso da empresa em auxiliar e manter essas habilidades sempre sintonizadas e atualizadas, e de apoiá-las por meio de especialistas externos" (Edvinsson e Malone, 1998:61).

O navegador da Skandia realiza as tarefas de perscrutar as mensurações e disponibilizar medidas mais abrangentes. Possui a função de agir como um guia, indicando a posição, a direção e a velocidade da organização. Aponta para a necessidade de produzir índices globais do conjunto desses capitais (metaíndices de capital intelectual), comparados aos lucros e às perdas, em uma demonstração de resultados. No que tange aos metaíndices, propõe o coeficiente geral de eficiência de CI utilizando a seguinte equação: $iC$, em que $C$ é algum valor monetário de CI e $i$ representa o coeficiente de eficiência na utilização desse capital. A variável $C$ enfatiza o compromisso de uma organização em relação ao futuro, enquanto a variável $i$ alicerça esse compromisso no desempenho atual. O quadro 11 relaciona os principais indicadores sugeridos por esses autores para avaliação do capital intelectual.

Quadro 11

**Indicadores de CI sugeridos por Edvinsson e Malone (1998)**

| Foco financeiro | Foco no cliente | Foco no processo | Foco em renovação e desenvolvimento | Foco nas pessoas |
|---|---|---|---|---|
| ❑ Receita por funcionário ($)<br>❑ Receita/ativos administrativos (%)<br>❑ Valor de mercado ($)<br>❑ Valor de mercado por funcionário ($)<br>❑ Retorno sobre o valor do patrimônio líquido (%)<br>❑ Valor agregado por funcionário ($)<br>❑ Despesas com Tecnologia da Informação (TI)/despesas administrativas (%) | ❑ Participação no mercado (%)<br>❑ Número de clientes<br>❑ Número de clientes perdidos<br>❑ Acesso através de telefones (%)<br>❑ Classificação dos clientes (%)<br>❑ Número de visitas dos clientes à empresa<br>❑ Número de dias empregados em visitar os clientes<br>❑ Índice de ociosidade (%) | ❑ Despesas administrativas/ativos administrados (%)<br>❑ Despesas administrativas/receita total (%)<br>❑ Custos dos erros administrativos/receitas gerenciais (%)<br>❑ Tempo de processamento dos pagamentos a terceiros<br>❑ *Desktops* por funcionários<br>❑ *Laptops* por funcionários | ❑ Equipamentos de informática adquiridos<br>❑ Participação nas oportunidades (%)<br>❑ Despesas com desenvolvimento de competência por funcionário ($)<br>❑ Índice de satisfação do funcionário<br>❑ Despesas de marketing por cliente ($)<br>❑ Despesas de marketing/ativos administrados ($)<br>❑ Percentagem de horas/treinamento (%) | ❑ Índice de liderança (%)<br>❑ Índice de motivação (%)<br>❑ Índice de *empowerment* (por mil)<br>❑ Número de funcionários<br>❑ Rotatividade dos funcionários<br>❑ Número médio de anos trabalhados na empresa<br>❑ Número de gerentes<br>❑ Despesas de treinamento por funcionário |

*continua*

| Foco financeiro | Foco no cliente | Foco no processo | Foco em renovação e desenvolvimento | Foco nas pessoas |
|---|---|---|---|---|
| ❑ Valor agregado por funcionários em TI ($)<br>❑ Investimentos em TI ($) | ❑ Índice de satisfação dos clientes (%)<br>❑ Número de pontos-de-venda<br>❑ Conhecimento de Tecnologia da Informação (TI) por parte dos clientes (%) | ❑ Despesas administrativas por funcionário ($)<br>❑ Despesas com TI por funcionário ($)<br>❑ Despesas com TI/ despesas administrativas (%)<br>❑ Equipamentos de informática adquiridos | ❑ Despesas de Pesquisa & Desenvolvimento/ despesas administrativas (%)<br>❑ Despesas com TI/ despesas administrativas (%)<br>❑ Despesas de treinamento por funcionário ($)<br>❑ Despesas de treinamento/despesas administrativas (%)<br>❑ Despesas com desenvolvimento de negócios/despesas administrativas (%)<br>❑ Despesas de treinamento em TI/ despesas de informática (%)<br>❑ Recursos investidos em Pesquisa & Desenvolvimento/ investimento total (%) | ❑ Idade média dos funcionários<br>❑ Tempo de treinamento (dias/anos)<br>❑ Conhecimento de Tecnologia da Informação (TI) por parte dos funcionários<br>❑ Funcionários que trabalham em casa/ total de funcionários |

Fonte: Edvinsson e Malone (1998), com adaptações.

O *balanced scorecard* (BSC), de Kaplan e Norton (2004), que pode ser considerado um dos modelos precursores de mensuração de intangíveis, teve importante repercussão no ambiente empresarial por estar intimamente ligado aos métodos e ferramentas de gestão estratégica comuns em grandes organizações. Para esses autores, as medidas contábil-financeiras, utilizadas pelos gerentes para avaliar o desempenho das organizações, já não são mais suficientes. Hoje, na economia do conhecimento, ativos intangíveis, como a lealdade dos clientes e as competências dos funcionários, são igualmente ou até mais importantes do que os recursos tangíveis (Boyett e Boyett, 1999). Para Kaplan e Norton (2004), os ativos intangíveis convertem-se em resultados tangíveis (aumento da receita ou redução de custos) quando apoiam diretamente a estratégia. Assim, o princípio básico do BSC é alinhar a organização à estratégia, traduzindo-a em termos operacionais. O BSC pode ser entendido como um conjunto balanceado de medidas de desempenho (financeiras e não financeiras) derivadas dos objetivos estratégicos da organização. É um sistema de medição que flexibiliza a escolha e o balanceamento de indicadores. Segundo o comentário de Boyett e Boyett (1999:265):

> Kaplan e Norton querem definir corretamente as coisas. Para isso, propõem um *balanced scorecard* que mostra aos gerentes seniores as medidas não-financeiras responsáveis pelo sucesso financeiro a longo prazo e aos funcionários de linha as medidas financeiras agregadas, para que possam conhecer as conseqüências financeiras de suas ações.

As perspectivas de mensuração do BSC são: uma financeira e três não financeiras (*clientes*, *processos internos* e *aprendizado e crescimento*). A *perspectiva financeira* indica se a estratégia da empresa, sua implementação e execução estão contribuindo para a melhoria da produtividade. Incluem medidas como: retorno sobre investimento, crescimento da receita e lucratividade por produto/serviço/cliente, entre outras. A *perspectiva clientes* contém medidas essenciais de resultado relacionadas à satisfação e retenção, aquisição de novos clientes, fatia de mercado com clientes alvo, entrega pontual e tempo de respostas, entre outros. A *perspectiva processos internos* indica o sucesso da organização no desenvolvimento de processos essenciais aos negócios. Inclui medidas como: tempo necessário para desenvolver a próxima geração de produtos, percentual de lançamento de novos produtos, percentual de venda de novos produtos, índices de qualidade, eficiência da mão-de-obra e dos equipamentos, entre outras. A *perspectiva de aprendizado e crescimento* quer conhecer o sucesso da empresa no treinamento dos funcionários, na melhoria da base de infraestrutura e de sistemas de informação, no alinhamento de valores e no compartilhamento de conhecimentos. Algumas medidas são: satisfação do funcionário, rotatividade e retenção de talentos, tempo de ciclo de retreinamento, sugestões por funcionários, percentual de funcionários com metas pessoais de desempenho associadas à estratégia da empresa, prontidão do capital humano e dos aplicativos estratégicos,[14] compartilhamento das melhores práticas, valor agregado por funcionário, lucratividade por funcionário e outras (Kaplan e Norton, apud Boyett e Boyett, 1999; Kaplan e Norton, 2004).

Stewart (1998) desenvolveu um navegador de capital intelectual batizado de "radar", que utiliza uma medida geral (razão entre o valor de mercado e o valor contábil) e um conjunto

---

[14] "Prontidão", para Kaplan e Norton (2004:217), significa a "extensão em que um ativo intangível atende às necessidades da estratégia". A percentagem de funcionários aptos à assunção de cargos de liderança seria um indicador de prontidão do capital humano.

de indicadores para cada um dos seguintes capitais: *humano, estrutural* e *clientes*. Para esse autor, a grande contribuição da ferramenta é a possibilidade de ver onde a empresa está em termos de capital intelectual e para onde deveria dirigir-se. Isto significa que o radar, ao mesmo tempo que aponta a posição, define a direção desejada para o desenvolvimento do ativo intangível, conforme ilustra a figura 7.

Figura 7
**O RADAR DE CAPITAL INTELECTUAL DE STEWART**

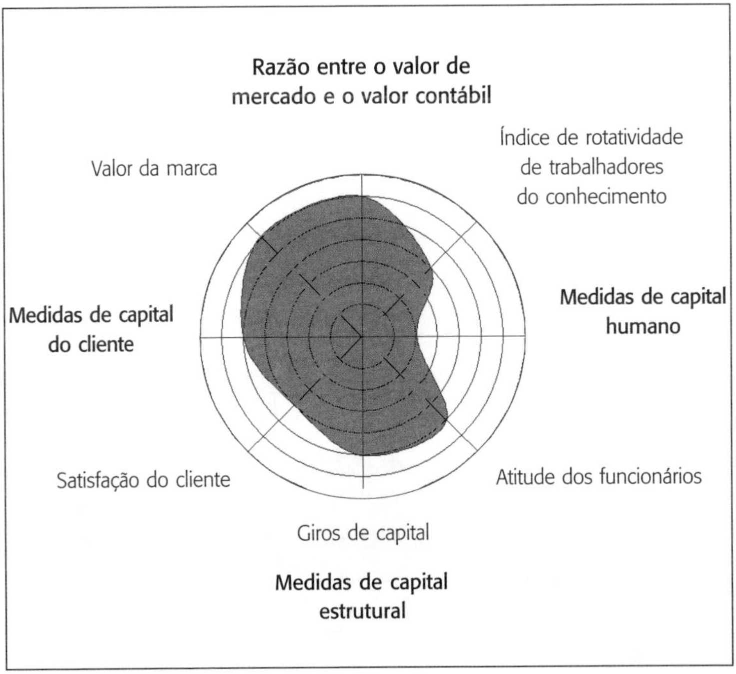


Fonte: Stewart (1998:219), com adaptações.

Como se pode perceber, todos os modelos de avaliação de ativos intangíveis ou de capital intelectual aqui apresentados são similares. Seus autores são contemporâneos e influenciaram-se uns aos outros. Em particular, as obras de Sveiby (1998) e de Edvinsson e Malone (1998) são procedentes da mesma escola (escandinava), de uma região que vem há um bom tempo liderando os estudos de ativos intangíveis. Os quatro modelos têm forte ligação com a perspectiva estratégica e são vocacionados para o monitoramento do futuro, tanto na superação de problemas quanto no desenvolvimento de novas tecnologias e competências que sustentem a organização. As dimensões de CI selecionadas pelos autores são praticamente as mesmas (*pessoas, estrutura, clientes*) com pequenas variações semânticas e abrangência de cada dimensão, o que demonstra certo consenso entre os teóricos, conforme mostra o quadro 12.

Quadro 12
**DIMENSÕES DO CAPITAL INTELECTUAL SEGUNDO AS PERSPECTIVAS DE DIVERSOS AUTORES**

| Dimensões | Autores | | | |
|---|---|---|---|---|
| | Kaplan e Norton (2004) | Stewart (1998) | Sveiby (1998) | Edvinsson e Malone (1998) |
| **Pessoas** | Aprendizado e conhecimento | Capital humano | Competência do funcionário | Capital humano |
| **Estrutura** | Processos internos | Capital estrutural | Estrutura interna | Capital estrutural (organizacional, inovação, processos) |
| **Clientes** | Clientes | Capital clientes | Estrutura externa | Capital clientes |

## *Balanço patrimonial dos ativos intangíveis*

Examinando os modelos conceituais de balanços patrimoniais de intangíveis, apresentados por Sveiby (1998) e Edvinsson e Malone (1998), conforme as figuras 8 e 9, observa-se que os dois balanços de capital intelectual utilizam os mesmos princípios do balanço contábil tradicional. A analogia usada pelos autores é pertinente, embora a tradução numérica constitua uma dificuldade, já que muitos indicadores de CI não são financeiros.[15] De qualquer forma, o exercício de análise desses balanços permite realizar algumas constatações sobre o caráter do CI. Em essência, pode-se afirmar que:

- *o valor de mercado de uma empresa é constituído pelo seu patrimônio visível (patrimônio líquido) mais o patrimônio invisível (capital intelectual)* — o estudo de CI tem, na verdade, toda uma inspiração capitalista de apropriação. Ao mesmo tempo, ele resgata e valoriza dimensões importantes (como o capital humano), que estão muitas vezes à sombra dos balanços e da preocupação de empresários e investidores, e promove a proteção econômica do investimento de risco de longo prazo. A identificação e a mensuração dos ativos intangíveis, através de metodologia universalmente validada, protegem o patrimônio intangível dos investidores, que podem comercializá-los com mais exatidão e segurança;
- *o CI é um capital não financeiro e representa a lacuna oculta entre o valor de mercado e o valor contábil* — aqui se observa uma ambiguidade importante: o capital intelectual é classificado como capital não financeiro, embora assuma valor econômico num dado momento, que pode ser na venda da empresa, na valorização ou desvalorização dos preços de suas ações no mercado. Dá-se um valor monetário àquilo que, em essência, não é financeiro;

[15] Apenas os autores citados (Sveiby, 1998; Edvinsson e Malone, 1998) trabalham com essa analogia em seus livros.

- *o CI é um passivo e não um ativo, devendo ser encarado de maneira idêntica ao patrimônio líquido* — por isso deve ser considerado um empréstimo feito pelos credores, isto é, pelos clientes, funcionários, acionistas e assim por diante. Neste ponto, revela-se a prática do setor financeiro de só conceder empréstimos para investimentos garantidos por patrimônio tangível. Quando se compara o balanço contábil de tangíveis com o balanço de intangíveis, a forma de financiamento das operações fica explícita. No balanço contábil, o financiamento é visível e consiste em cotas de participação acionária e empréstimos. De outro lado, os ativos intangíveis são financiados principalmente com o patrimônio invisível dos acionistas (a diferença entre o valor contábil e o valor de mercado) e com as obrigações contingenciais com os funcionários (indenizações, privilégios etc.). Isso é decorrente da relutância dos bancos em conceder empréstimos para investimentos em ativos intangíveis, sem caução tangível para garantir o retorno. Agir dessa forma, bloqueando o crédito às organizações de conhecimento, significa impedir que o conhecimento prospere em escala mais rápida;
- *o CI constitui informação suplementar, e não subordinada às informações financeiras* — este é outro ponto crucial: este modelo pode colocar em xeque os métodos de trabalho dos contadores, auditores e controladores. A tentativa dos teóricos que defendem a mensuração de CI é de aproximação com a categoria dos contadores, mostrando os benefícios do modelo sem desconsiderar a importância dos indicadores financeiros. Muitos acreditam que seria impossível a categoria dos contadores mudar radicalmente os seus métodos de trabalho. Não obstante, acredita-se que o mais provável é que eles se adaptem com o passar do tempo, como já aconteceu com outras profissões que tiveram métodos de trabalho questionados.

Figura 8

**BALANÇO PATRIMONIAL DE UMA ORGANIZAÇÃO DO CONHECIMENTO, NA PERSPECTIVA DE SVEIBY**

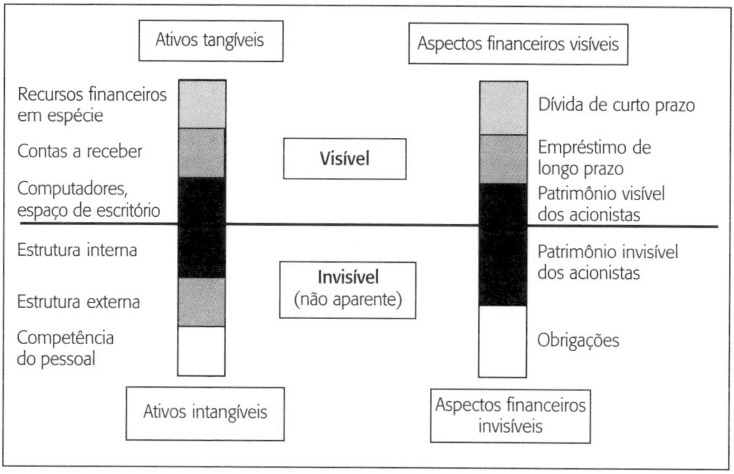


Apesar das diferenças de apresentação, a figura 9 retrata, da mesma forma que a figura 8, o balanço de capital intelectual (ativos intangíveis) e sua relação com o balanço tradicional.

Figura 9

**BALANÇO DE CAPITAL INTELECTUAL, NA PERSPECTIVA DE EDVINSSON E MALONE**

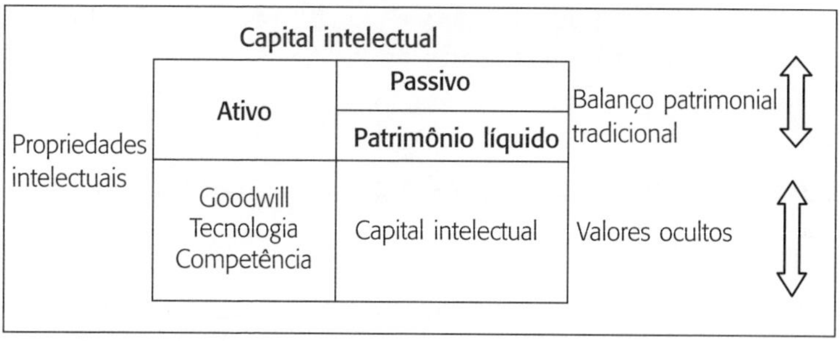


Fonte: Edvinsson e Malone (1998:39).

### *Vantagens da gestão de ativos intangíveis*

Nas palavras de Edvinsson e Malone (1998:155), citando a contribuição do trabalho de Annie Brooking, fundadora e diretora executiva de *The Technology Broker*,

> compreender o valor de seus ativos intangíveis constitui um fator crítico para o seu sucesso. Essa compreensão permite à empresa saber onde residem seus pontos fortes e mobilizá-los com rapidez em um ambiente competitivo, interligado e em mutação constante. Ela também demonstra, sob um ponto de vista oposto, os pontos fracos da empresa, permitindo que esta os elimine antes que eles se tornem um problema operacional perigoso. Em outras palavras, as auditorias de CI tornam a empresa mais alerta, competitiva e, portanto, mais sustentável e bem-sucedida.

Edvinsson e Malone (1998) identificam outras vantagens no processo de mensuração do capital intelectual:

- confirma a competência da organização (capacidade dos seus intangíveis) para atingir os seus objetivos;
- planifica e orienta a pesquisa e o desenvolvimento;
- fornece informações básicas aos programas de mudança organizacional;
- fornece um foco aos programas de educação corporativa;
- analisa o valor da empresa;
- fortalece a memória organizacional.

## Capital humano: caminhos de gestão e metodologias de mensuração

Existe algo mais estratégico para uma organização do que o ser humano? Quanto vale um funcionário brilhante? Quanto custa um alto executivo descomprometido? Seria possível uma empresa ter sucesso com funcionários desmotivados? O empresário atento às mudanças sabe que, na era do conhecimento, o seu principal ativo é o capital humano. "As pessoas são os únicos verdadeiros agentes da empresa. Todos os ativos e estruturas — quer tangíveis ou intangíveis — são resultados das ações humanas. Todos dependem das pessoas, em última instância, para continuarem a existir" (Sveiby, 1998:9). Não se tem mais dúvidas de que as empresas que não valorizam e potencializam os seus funcionários estão comprometendo seriamente o seu futuro.

Se isso não fosse verdade, empresas sustentadas no conhecimento não estariam ostentando posição de destaque no mercado. Casos mais conhecidos no mundo — como Microsoft, Google, Intel, HP-Compaq, Motorola, Sony, 3M, GE, Wal-Mart, Skandia, Motorola — e no Brasil — Petrobras, Banco do Brasil, Caixa Econômica Federal, Embrapa e Embraer — mostram a força de uma gestão voltada para o capital intelectual e a valorização do conhecimento dos seus funcionários. Com relação às empresas brasileiras citadas, é necessário ressaltar a qualidade do programa de desenvolvimento profissional da Embraer para os seus engenheiros e técnicos. Trata-se de uma usina de intercâmbio, capacitação e inteligência com resultados visíveis. Desenvolvendo competências, a empresa alcançou a liderança mundial na categoria de aviões a jato em que atua. O caso da Universidade Corporativa do Banco do Brasil também merece destaque. A empresa vem oferecendo mais de 15 milhões de horas de treinamento por ano aos seus funcionários. Seu programa de bolsas de estudo para cursos de graduação, pós-graduação (BB MBA), mestrado e doutorado formou mais de 40mil funcionários nos últimos 10 anos e é *benchmark*. O lucro do BB não para de crescer nos últimos anos. As estruturas de educação corporativa da Caixa e da Petrobras estão, também, entre as melhores do país. Os avanços da Petrobras no desenvolvimento de tecnologias de exploração de petróleo em águas profundas demonstram isso. A Caixa vem investindo com qualidade em programas de educação a distância. Já a Embrapa conseguiu o feito de formar mais de 3 mil mestres e doutores, no país e no exterior, nas últimas três décadas, construindo uma central de desenvolvimento de pesquisas avançadas em agropecuária, que é renomada no mundo todo. São exemplos que merecem ser reconhecidos.

E onde está o conhecimento importante para o crescimento da empresa? Ele está, principalmente, onde o funcionário está. É o funcionário que levanta a informação e desenvolve a base de conhecimento útil ao trabalho. A esse funcionário interessa muito o crescimento da empresa e o seu aprimoramento pessoal e profissional. Por isso, o corpo funcional pode ser um grande laboratório de inovação, que atuará adequadamente caso haja uma política firme, responsável, respeitosa e desenvolvedora do saber e das iniciativas.

Por falar em práticas de gestão de pessoas, a área atualmente tem novas responsabilidades. Deve participar ativamente da gestão dos ativos intangíveis. Cabe a ela preocupar-se com o desenvolvimento e a valorização do capital humano, entendido como os valores e crenças, as competências individuais, as relações de trabalho, o estilo de liderança e os sistemas de comunicação e compartilhamento de saberes. Há uma consciência em formação de que o desempenho conquistado de qualquer empresa é resultado do capital humano disponível. Quanto melhor o capital humano, maior o resultado (produtividade, lucratividade etc.) no presente e no futuro.

Um dos desafios da área de gestão de pessoas é identificar a correlação entre investimento em capital humano e resultados potenciais.

A área de gestão de pessoas está saindo, cada vez mais, de uma perspectiva exclusivamente processual — a antiga área de pessoal — para voltar-se a uma ação mais sistêmica e estratégica, vinculada às necessidades da organização.[16] A transformação disso pode ser vista nos novos modelos conceituais de ação de gestão de pessoas, voltados hoje para o fortalecimento do capital intelectual da organização. Os processos tradicionais de gestão de pessoas não são desprezados, muito pelo contrário. Mas uma nova dimensão de gestão de pessoas nasce com visão estratégica e negocial, equilibrando as ações de curto, médio e longo prazos.

Ao enxergar a empresa no longo prazo, a área de gestão de pessoas passa a perceber com mais clareza que as verdadeiras mudanças são alicerçadas nos valores e nas crenças, de forma lenta e gradual. Enquanto as áreas de negócios desejam um funcionário ativo, vendendo o máximo e atendendo o cliente da melhor forma possível, a área de gestão de pessoas precisa garantir que isso aconteça de forma sustentada. Que o bom atendimento e o excelente desempenho nas vendas sejam razão de profissionalismo permanente e responsável, e não fruto de um processo impositivo, gerador de estresse no presente e desentendimentos no futuro. Enquanto o negócio tende a olhar para o "aqui e agora", a gestão de pessoas precisa olhar para o futuro e suas consequências.

Sabe-se que as empresas precisam potencializar ao máximo o seu capital humano hoje, para garantir sucesso amanhã.

---

[16] Sobre o novo posicionamento da área de gestão de pessoas, ver *Gestão estratégica de pessoas*, das Publicações FGV Management.

Entretanto, as pessoas não são propriedade da empresa. Embora sejam um ativo fundamental, como já foi dito, não há relação de propriedade. Para que as organizações se beneficiem do aumento de capital humano gerado, são indispensáveis algumas medidas, em especial:

- *a identificação do capital humano que gera riqueza.* Se a empresa não conhece sua base de competência, como pode administrar com excelência seu capital humano? Nesse particular, sugere-se a construção de bancos de talentos nos quais estejam mapeadas as competências dos funcionários, principalmente aquelas indispensáveis ao trabalho. Sabendo quais competências o funcionário detém e quais são necessárias, fica mais fácil gerenciar o desenvolvimento de competências;
- *a potencialização das competências de seus funcionários.* Isso é possível aprimorando-se o sistema de identificação e alocação de talentos, de forma a levar o funcionário a exercer atividades mais próximas à base de competências que detém;
- *a promoção do compartilhamento das competências entre os funcionários.* O desenvolvimento do valor *compartilhamento* é peça-chave na disseminação do saber na organização. Se os funcionários constatam que compartilhar conhecimentos é um valor interno admirado e recompensado, a empresa tende a desenvolver uma cultura de potencialização do saber.

A empresa precisa identificar o capital humano que gera riquezas. Para isso, precisa saber com clareza o que é capital humano. Que ele se refere aos funcionários e a sua base de competência no trabalho, é óbvio. A questão é: o que está sob avaliação? Que dimensões devem ser investigadas? Assim, antes de avançar no tema, é necessário definir o que é capital humano nas organizações e em quais dimensões ele pode ser didaticamente dividido, para uma melhor compreensão do fenômeno.

As definições da expressão "capital humano" têm caminhado na direção do senso comum. Generalizações do tipo "as pessoas são o maior ativo das organizações", "capital humano é a riqueza das organizações", ou ainda, "capital humano é a soma de todas as competências individuais" são interessantes e dão o sentido de importância do tema, mas colaboram pouco com o processo de gestão e mensuração. Em geral, as definições aproximam o termo de algo parecido com a "inteligência ou base de competências dos funcionários". O capital humano não é só isso. A inteligência do funcionário isoladamente não garante valor organizacional. O funcionário pode não colocar sua inteligência à disposição do trabalho, o que poderia indicar falta de motivação (ou de motivo).

O funcionário pode ser capaz de realizar bem determinada atividade, e o seu gerente (ou pares) impedi-lo por ciúme ou inveja, o que indicaria falta de suporte gerencial. Podem ainda os recursos organizacionais à disposição dificultarem a boa realização de determinada tarefa. Nesse particular, pode faltar infraestrutura ou equipamentos de trabalho adequados. Definitivamente, o conceito de capital humano não pode ser olhado apenas na perspectiva da competência pessoal. Não deve ser entendido, também, como a "soma" linear das competências dos funcionários. Essa "soma" pode ser entendida como um ativo potencial, mas não como capital humano real. Como, então, os principais teóricos têm visto a questão do capital humano nas organizações?

Nas ciências econômicas, o estudo do capital humano vem ocorrendo desde a década de 1950, por meio de investigações empíricas. Pode-se afirmar que o estudo do capital humano na economia tem por objetivo compreender como os investimentos em educação podem impactar os ganhos pessoais e o crescimento econômico da nação e, consequentemente, das organizações. Estudar o capital humano, para os economistas, significa examinar como os investimentos em educação promovem a geração de renda.

Os economistas levantaram inúmeros questionamentos em torno do fenômeno do capital humano. Procuram esclarecer o que é investimento em capital humano, formas de identificação e medida e sua contribuição relativa para a renda, além de distinguir investimentos em capital humano de outros investimentos, como o de consumo. Para Becker (1962), o capital humano de uma nação deve ser compreendido a partir de cinco dimensões: *sistemas de aprendizagem disponíveis no trabalho*; *nível de educação formal dos trabalhadores; nível de informação que os trabalhadores têm sobre o sistema econômico*; *qualidade do sistema de suporte à saúde dos funcionários*; e *acesso a bens de consumo*.

Na compreensão de Becker (1962), dispor de determinados bens de consumo, como televisão, livros, jornais e revistas, entre outros, facilita o desenvolvimento do capital humano. Mincer (1958), por sua vez, dá ênfase às dimensões da competência do trabalhador, incluindo a variável *experiência*, além do *nível de educação* e da qualidade dos *sistemas de aprendizagem*, variáveis também defendidas por Becker (1962).

Schultz (1961) é outro defensor da dimensão competência como fenômeno fundamental do capital humano das nações, representado por *sistema de aprendizagem disponibilizado*, *nível de educação formal* e *cursos técnicos realizados no mercado*. Afirma que a dimensão *saúde* deve levar em consideração medidas de suporte à alimentação e à moradia, além do simples acompanhamento médico. Por fim, acredita que os sistemas de *migração interna* do país sejam um elemento potencializador do capital humano das nações.

No campo da administração, Taylor (1976), um dos precursores da administração científica, já se preocupava com o estudo dos tempos e movimentos dos operários, visando aumentar a produtividade. Na verdade, ele estava preocupado com o binômio "otimização de processos" e "capacidade dos trabalhadores". Taylor talvez tenha sido o primeiro a identificar o potencial do capital humano para as organizações e como explorá-lo em benefício do capital financeiro. Embora não utilizasse o termo *capital humano*, seus estudos estavam focados na otimização dos processos de trabalho (no contexto da busca da eficiência e da mão-de-obra qualificada) para a conquista de melhores resultados financeiros.

McGregor (1960), por sua vez, com a teoria Y, um contraponto ao modelo gerencial autoritário, que denominou teoria X, praticado em larga escala pelas empresas, olhava para o trabalhador como alguém capaz de ir além dos limites da subserviência e da eficiência. A teoria de McGregor (1960) representa um legado de valorização do homem e da capacidade do trabalhador. Começou a criar-se o conceito de que respeitar funcionários e investir neles significa algo correto, além de uma solução sustentável do ponto de vista organizacional.

Da mesma forma, Maslow (1954) e Herzberg e colaboradores (1959) também analisaram o comportamento humano no trabalho, na perspectiva de explicar como gerenciar a motivação e a autorrealização do trabalhador. Esses autores levantam, de um lado, o problema da questão motivacional e o impacto que a sua falta no trabalho pode significar para qualquer organização; de outro, abordam a questão da inquietude humana na busca pelo crescimento continuado. Compreender a necessidade de autorrealização do ser humano no trabalho permite às empresas caminhar na direção do desenvolvimento humano, profissional e organizacional. Inúmeros teóricos, como eles, trabalharam sobre a matéria "comportamento humano no trabalho", contribuindo para o entendimento do fenômeno.

Ultimamente, na área da administração uma literatura específica sobre *capital humano* vem sendo desenvolvida com um olhar quase exclusivamente voltado para as habilidades do funcionário e a sua atitude com o trabalho. Mantém-se a preocupação na direção de se conhecer a base de competência dos funcionários e a prontidão desse *capital humano* para a geração de resultados. Sveiby (1998) ressalta a dimensão competência como o elemento fundamentador do capital humano gerador de riquezas, assim como Edvinsson e Malone (1998). Davenport (2001) refere-se a capacidade, comportamento, empenho e tempo como os principais elementos de capital humano gerador de resultados. Kaplan e Norton (2004), por sua vez, atribuem importância ao alinhamento, à liderança e à capacidade dos funcionários. Para esses autores, os ativos intangíveis convertem-se em resultados tangíveis (aumento da receita ou redução de custos, por exemplo) quando apoiam diretamente a estratégia.

Fitz-enz (2001) orienta o olhar sobre capital humano a partir da eficiência nos processos de gestão de pessoas. Há a necessidade de se estabelecer um modelo conceitual, epistemológico, de capital humano no contexto da gestão de ativos intangíveis das organizações.

O que seria capital humano e quais as suas dimensões de análise no âmbito das organizações? Sabe-se que a dimensão competência é, de fato, fundamentadora. Pode-se afirmar que não existe capital humano sem base de competências. Mas a competência necessita de suporte organizacional para ser criada, aprimorada, desenvolvida e exercida. As relações de trabalho e a infraestrutura são determinantes para o exercício pleno da competência do trabalhador.

Gilbert (1978) estabelece um conjunto de dimensões de *suporte organizacional* que considera fundamental para o desenvolvimento pleno do repertório comportamental do trabalhador (conhecimentos, habilidades e atitudes) no ambiente de trabalho. As dimensões que ele arrola são:

- *informações* (especificação, *feedback*, direção e orientação): dão sentido de orientação sobre o que fazer e como o trabalho deve ser feito. As informações orientam o caminho e corrigem a direção;
- *instrumentos* (equipamentos, ferramentas e recursos): possibilitam e facilitam a realização dos trabalhos;
- *incentivos* (monetários e não monetários): apoiam ou reforçam o desempenho do funcionário.

De fato, sabe-se que a inteligência dos funcionários isoladamente não gera produção. São imprescindíveis objetivos bem-comunicados e compartilhados, diretrizes claras e liderança, entre outros aspectos. Sabe-se que sem uma infraestrutura e equipamentos adequados ao trabalho não é possível realizar as atividades com qualidade. Sabe-se, também, que um trabalhador sem recompensa tende à desmotivação, não exercitando suas potencialidades.

Nessa linha de raciocínio, pode-se definir capital humano como *o exercício pleno das competências humanas num contexto de trabalho*. Essa definição é crítica e tem importância fundamental porque é capaz de ampliar o foco do processo de investigação, hoje centrado na competência humana ou profissional. Trazer para o debate a dinâmica do contexto de trabalho significa enxergar o ser humano na dimensão das suas relações e das suas necessidades fundamentais. Nessa perspectiva, dois focos de gestão e mensuração se destacam: o indivíduo e suas competências; a organização e as dimensões de apoio ao exercício da competência humana no trabalho.

As competências humanas não são, pelo menos em tese, de difícil mensuração. No capítulo 2 deste livro você teve acesso a métodos e técnicas utilizadas para mapeamento de competências das pessoas. Adicionalmente, para efeito de certificação de competências e constituição de um banco de talentos da organização, sugere-se a utilização dos indicadores apresentados no quadro 13 para inventariar as competências pessoais dos funcionários:

Quadro 13

**Formas de avaliação das competências pessoais**

| Dimensões da competência | Indicadores do banco de talentos | Significado do indicador |
|---|---|---|
| Conhecimento (*saber*) | Conhecimentos acadêmicos certificados e não certificados. Forma de comprovação: *títulos, diplomas e certificações de conhecimento.* | Domínio cognitivo em torno da profissão ou da função exercida. |
| Habilidade (*saber fazer*) Atitude (*querer fazer*) | Experiências profissionais. Forma de comprovação: *efetivo exercício de cargos ou funções e tempo de serviço em determinada organização, ocupação ou atividade* | Nível de senioridade obtido durante a trajetória profissional da pessoa. |
| | Comportamentos observáveis no trabalho (competências fundamentais, gerenciais e técnicas atestadas). Forma de comprovação: *sistema interno de avaliação de desempenho por competências, unidirecional ou 360º.* | Domínio de competências profissionais necessárias para o exercício de atividades ou funções no âmbito da organização. |
| | Resultados ou produtividade apresentada. Forma de comprovação: *alcance de metas nos acordos internos de trabalho.* | Nível de produção ou produtividade alcançado pelo funcionário. |

Fonte: Carbone (2006), com adaptações.

Definidas as competências necessárias, resta, agora, identificar quais as dimensões organizacionais que inibem, restringem, mantêm ou ampliam as competências do trabalhador.

Um gerente despreparado pode inibir ou restringir a competência do funcionário. Um bom computador viabiliza o trabalho; um equipamento defeituoso o paralisa. Bons valores projetam um futuro e estimulam realizações. A ausência de valores abre espaços à incompetência e à sabotagem. As práticas de trabalho em grupo podem potencializar o saber (Senge, 2003; Sveiby, 1998), enquanto as individualistas o restringem.

Como se define, então, esse contexto organizacional? Entendem-se como contexto organizacional as dimensões vinculadas aos valores, às relações e às condições de trabalho e à infraestrutura de suporte organizacional. O profissional traz consigo uma carga de conhecimentos, habilidades e atitudes que vão ser mobilizados no ambiente de trabalho. A qualidade desse ambiente será decisiva para o sucesso do trabalho. Tudo isso será denominado aqui "ecossistema de gestão de pessoas". Entendem-se como "ecossistema de gestão de pessoas" as cinco dimensões, a seguir listadas, que impactam positiva ou negativamente o exercício do trabalho:

- *a cultura e os valores da organização,*[17] pois possibilitam ao funcionário compreender o rumo, a forma, o jeito como as coisas devem seguir na organização. As subdimensões de gestão da cultura mais conhecidas são: os valores, os rituais, o comportamento de sucesso do funcionário na cultura[18] e o comprometimento funcional;[19]

---

[17] Sobre o assunto, ver Hofstede (1997), Barbosa (1996), Hilal (2002), Motta e Caldas (1997), Pereira (1999), Bowditch e Buono (1992), Kanaane (1995), Wagner III e Hollenbeck (1999) e Carbone (2000).

[18] Analogamente ao conceito de "herói" na antropologia, entenda-se por "comportamento de sucesso do funcionário na cultura" ou "comportamento de sucesso profissional" o perfil "ideal" de comportamento desenhado pela cultura da empresa. É todo aquele comportamento legitimado, compartilhado, valorizado e, portanto, idealizado por aqueles que comungam os mesmos ideais da cultura organizacional (Carbone, 2000).

[19] O conceito de *comprometimento* pode ser tratado como dimensão de estudo da cultura organizacional quando estão em análise comportamentos de adesão às causas da organização e de alinhamento aos valores e à estratégia. Trata-se de um valor desenvolvido no

- *o clima organizacional*,[20] traduzido pela qualidade das relações internas e pelas condições gerais de trabalho, as quais são fundamentais para o pleno exercício das atividades diárias. Podem-se elencar as principais subdimensões de estudo do clima organizacional: infraestrutura e equipamentos; estilo de gestão e liderança; valorização, reconhecimento e recompensa; engajamento nos projetos; desenvolvimento profissional; sistema de planejamento e definição de prioridades; suporte social no grupo (relação com pares); e satisfação;
- *a saúde ocupacional*, entendida aqui como os sistemas de prevenção e combate às doenças ocupacionais e os sistemas de apoio à qualidade de vida e à promoção da saúde, indispensáveis à plenitude do exercício do trabalho;
- *a comunicação e o compartilhamento de conhecimentos*, elementos que, na sociedade do conhecimento, são cada vez mais decisivos para o bom funcionamento dos processos nas organizações. Nesta dimensão estão incluídos, além de todos os sistemas de comunicação com os funcionários, a estratégia, os meios e os sistemas de compartilhamento de conhecimentos na organização;
- *a competência*, ou seja, a base de conhecimentos, habilidades e atitudes dos funcionários.

As quatro dimensões do contexto organizacional (*cultura, clima, saúde ocupacional, comunicação e compartilhamento de conhecimentos*), se adequadamente controladas, garantem a qualidade do ambiente de trabalho. Garantidas as condições de

---

longo prazo e pode ser diferenciado do entendimento do conceito de *engajamento* de curto prazo, fenômeno que pode ser estudado no âmbito do clima organizacional.

[20] Sobre o assunto, ver Bennis (1972), Coda e Bergamini (1997), Sá Leitão (1996) e Luz (1995).

suporte organizacional, as *competências* (quinta dimensão) podem ser exercidas com maior plenitude pelos funcionários. A resultante esperada de um ambiente saudável e competente é a motivação dos funcionários no exercício do trabalho. É, também, uma atitude positiva diante dos problemas e dos desafios. O quadro 14 mostra que vários autores já criaram indicadores que tangenciam essas dimensões, sendo apenas a dimensão "saúde ocupacional" quase desprovida de indicadores.[21]

Esse modelo não desconsidera a importância da avaliação dos processos de gestão de pessoas, em particular os de identificação e alocação de talentos, educação corporativa, remuneração e avaliação de desempenho. A avaliação da eficiência e da qualidade dos processos de gestão de pessoas é atividade louvável. Não obstante, tais processos não podem ser confundidos com o capital humano. Este livro, como pôde ser observado, define capital humano a partir das dimensões de cultura, clima, comunicação e compartilhamento, saúde ocupacional e competências. Educação corporativa, por exemplo, não é sinônimo de capital humano. Competência, por sua vez, representa capital humano. Educação corporativa é apenas um, entre outros processos, que visam o desenvolvimento de competências, ou seja, do capital humano.

As denominações atribuídas por esses autores aos indicadores no quadro 14 não guardam, em todos os casos, similaridade semântica. O referido quadro pretendeu apenas levantar os principais indicadores sugeridos e aproximá-los das dimensões de capital humano propostas neste livro.

[21] A distribuição dos indicadores no quadro 14 representa uma tentativa de compreensão da lógica e da dinâmica dos indicadores criados por esses autores. Não há rigor na distribuição, tendo sido feita apenas uma aproximação dos indicadores às dimensões propostas neste livro. Um trabalho de investigação e delimitação mais profundo precisa ser feito para validação desse modelo.

Quadro 14
**AS CINCO DIMENSÕES DO CAPITAL HUMANO**

| Dimensões de capital humano | Autores | | | | | |
|---|---|---|---|---|---|---|
| | Sveiby (1998) | Edvinsson e Malone (1998) | Davenport (2001) | Stewart (1998) | Kaplan e Norton (2004) | Fitz-enz (2001) |
| Definição do termo "capital humano" | *Capacidade de agir em diversas situações para criar ativos tangíveis e intangíveis* | *Capacidade, conhecimento, habilidade e experiência dos funcionários e gerentes* | *Capacidade, comportamento, empenho e tempo* | *Fonte de inovação e renovação* | *Habilidades, talentos e conhecimentos dos funcionários, capazes de viabilizar o sucesso da estratégia* | *Os conhecimentos, as habilidades e as atitudes da força de trabalho* |
| ❑ Cultura e valores | Valores | *Empowerment*, equidade (políticas afirmativas de sexo, raça e nacionalidade) | Alinhamento, comprometimento | Valores | Cultura, alinhamento | Comprometimento |

continua

| Dimensões de capital humano | Autores | | | | | |
|---|---|---|---|---|---|---|
| | Sveiby (1998) | Edvinsson e Malone (1998) | Davenport (2001) | Stewart (1998) | Kaplan e Norton (2004) | Fitz-enz (2001) |
| ❑ Clima organizacional | Atitudes | Motivação, satisfação e liderança | Atitude pessoal, envolvimento, compreensão e aceitação do acordo de trabalho | Atitude, satisfação | Motivação, liderança | Satisfação |
| ❑ Comunicação e Compartilhamento | Investimento em sistemas de processamento de informações | Valor das redes e dos sistemas de comunicação e informação, assim como valor de investimentos em TI | | | Capacidade dos sistemas de informação, compartilhamento de melhores práticas | |
| ❑ Saúde ocupacional | | | | | | Absenteísmo |
| ❑ Competências | Escolaridade, conhecimentos, experiência e competência | Escolaridade, conhecimentos, experiência e competência | Capacidades dos funcionários e contribuição da aprendizagem | Escolaridade, conhecimento, experiência, competência, aprendizado | Habilidades, talentos e conhecimentos | Qualificação |

Davenport (2001), por exemplo, sugere mensurar o "alinhamento" e o "comprometimento" do funcionário, indicadores que foram classificados, no quadro 14, na dimensão "cultura organizacional", por refletirem o alinhamento valorativo interno. Esse autor entende que o capital humano é composto por quatro elementos: capacidade, comportamento, empenho e tempo.

No que tange ao sistema de mensuração de capital humano, Davenport (2001) propõe um painel de indicadores de *resultado* e de *contribuição do capital humano*, nas seguintes dimensões:

- ligação entre capital humano e a estratégia, em que o objetivo é avaliar a melhoria das capacidades-chave que alavancam o negócio e os processos críticos de trabalho;
- contratação de capital humano, ou seja, a contribuição da contratação para reforçar as capacidades-chave;
- contexto para o desempenho, que procura medir a atitude, o comprometimento e o retorno do capital humano;
- construção de capital humano, que avalia os investimentos em capacitação e a contribuição do sistema de aprendizagem para o desenvolvimento de competências;
- retenção de capital humano, que avalia a rotatividade de competências e a capacidade de reter pessoas comprometidas e competentes.

Fitz-enz (2001:6), criador do modelo Saratoga de indicadores de gestão de pessoas, define capital humano como "o conhecimento, as habilidades e as atitudes da força de trabalho". Para esse autor, "é a informação que a pessoa possui e sua habilidade e boa vontade de compartilhá-la que estabelecem o potencial valor" do capital humano. O conceito é substantivo e qualitativo. Quando se verificam os indicadores de mensuração de capital humano sugeridos por esse autor

(Fitz-enz, 2001), em essência financeiros e quantitativos, a maioria está voltada para avaliação da eficiência dos processos de gestão de pessoas. As dimensões de mensuração sugeridas pelo autor são: a retenção, a incorporação, o desenvolvimento e a manutenção de pessoas.

Cada dimensão é avaliada tendo-se em vista as seguintes variáveis: *custos, tempo, quantidade, taxas de erro* e *a reação humana* (resposta emocional, psicológica ou física). Veja no quadro 15 um exemplo de matriz de desempenho do capital humano na visão desse autor.

Quadro 15
**MATRIZ DE DESEMPENHO DO CAPITAL HUMANO, SEGUNDO FITZ-ENZ (2001)**

| | Incorporação | Manutenção | Desenvolvimento | Retenção |
|---|---|---|---|---|
| **Custo** | Custo por contratação | Custo da folha de pagamento Custo por caso de programa de assistência pessoal | Custo por aprendiz | Custo da rotatividade |
| **Tempo** | Tempo para preencher vagas | Tempo para atender à solicitação | Custo-hora por treinando | Rotatividade por duração de serviço |
| **Quantidade** | Número de contratados | Número de reclamações processadas | Número de treinados | Taxa de rotatividade voluntária |
| **Erro** | Índice de novas contratações | Índice de erros de processos | Habilidades atingidas | Nível de prontidão para assunção de funções estratégicas |
| **Reação** | Satisfação do cliente externo | Satisfação do funcionário | Respostas dos aprendizes | Razões da rotatividade |

Fonte: Fitz-enz (2001:97), com adaptações.

O modelo de mensuração de Sveiby (1998:11) parece alinhado à sua definição conceitual. Esse autor define capital humano como a competência dos profissionais, ou seja, "a capacidade de agir em diversas situações para criar ativos tangíveis e intangíveis". Seu conceito traduz a noção de competência que contém o sentido de ação. Não há competência sem os resultados dela decorrentes. Para isso, constrói um conjunto de indicadores relacionados a competências humanas, preocupado em mensurar *a escolaridade, as habilidades, a experiência* e *a contribuição efetiva* em termos de resultados dos funcionários, além dos *valores e atitudes*, tendo em vista as variáveis de *crescimento e renovação, eficiência* e *estabilidade*. Há equilíbrio entre indicadores qualitativos e quantitativos, mas, em essência, não são financeiros.

A visão de Edvinsson e Malone (1998:31) a respeito do capital humano é pragmática e, como a de Sveiby (1998), está voltada para a dimensão competência. Para esses autores, capital humano é "toda capacidade, conhecimento, habilidade e experiência individuais dos funcionários e gerentes". No conceito, fica explícita a importância do gerente e da gestão. Seus indicadores de capital humano são equilibrados, conforme mostra o quadro 14. Propõem indicadores financeiros, qualitativos e quantitativos, em torno das dimensões competência, clima, liderança e desenvolvimento.

Kaplan e Norton (2004) apresentam no seu BSC a perspectiva "aprendizado e crescimento", composta de três dimensões de avaliação: capacidades dos funcionários; capacidades dos sistemas de informação; e liderança e alinhamento. Kaplan e Norton (2004), avaliando os "mapas estratégicos e *balanced scorecards*" de várias empresas, concluíram que os elementos de medidas considerados mais importantes podem ser divididos em três tipos de ativo intangível, listados no quadro 16.

Quadro 16

**DIMENSÕES DE AVALIAÇÃO DE "APRENDIZAGEM E CRESCIMENTO", SEGUNDO KAPLAN E NORTON (2004)**

| | |
|---|---|
| **Capital humano** | *Competências estratégicas*: a disponibilidade de habilidades, talento e conhecimento para executar as atividades requeridas pela estratégia. |
| **Capital da informação** | *Informações estratégicas*: disponibilidade de sistemas de informação de infraestrutura e de aplicativos de gestão do conhecimento necessários para sustentar a estratégia. |
| **Capital organizacional** | *Cultura*: conscientização e internalização da missão, da visão e dos valores comuns, necessários para executar a estratégia.<br>*Liderança*: disponibilidade de líderes qualificados, em todos os níveis hierárquicos, para impulsionar as organizações na execução da estratégia.<br>*Alinhamento*: alinhamento das metas e dos incentivos com a estratégia em todos os níveis hierárquicos.<br>*Trabalho em equipe*: compartilhamento dos conhecimentos e recursos das pessoas com potencial estratégico. |

Quanto às características dos indicadores utilizados pelos autores citados, podem-se classificar os modelos apresentados como predominantemente financeiros e quantitativos e predominantemente não financeiros e qualitativos. Sveiby (1998) está mais próximo do modelo não financeiro e qualitativo, enquanto Fitz-enz (2001) se apresenta mais próximo do modelo financeiro e quantitativo. Edvinsson e Malone (1998), Stewart (1998), Kaplan e Norton (2004) e Davenport (2001) apresentam modelos híbridos.

Um ponto que chama a atenção é que a maioria dos autores classifica o *compartilhamento de conhecimentos* como dimensão crítica de capital humano, dada a sua capacidade de multiplicar o saber na empresa. Em verdade, os teóricos que discutem a gestão do conhecimento no trabalho pregam a transferência e o compartilhamento como ideologia. Não obstante, não fornecem um conjunto de indicadores consistente para acompanhamento da matéria. Outra lacuna importante, que precisa ser preenchida.

Procurou-se, neste capítulo, apresentar um panorama da gestão dos ativos intangíveis nas organizações, em particular do *capital humano*. As empresas que almejam o sucesso organizacional precisam pautar sua gestão pela orientação estratégica e pela valorização dos seus funcionários, trabalhando no sentido de construir um ambiente que seja estimulador e facilitador do desenvolvimento de competências.

Diante do que foi exposto, e à guisa de conclusão, veja a seguir as considerações finais deste livro.

# Conclusão

Os temas gestão do conhecimento e gestão por competências estão inseridos no contexto das novas teorias contemporâneas.

Neste âmbito, o conhecimento tende a ser visto, por alguns autores, como o recurso crítico para a geração de riquezas. Por exemplo, Drucker (1993) enfatiza o papel da gerência eficaz em torno da sociedade do conhecimento. Nesta direção, Sveiby (1998) afirma que o conhecimento é a nova riqueza das organizações.

Outros autores são menos otimistas. Por exemplo, Sennett (2002) critica a transferência das qualificações das pessoas para as máquinas no contexto da especialização flexível. Bauman (2001) destaca o fim do casamento longo e tumultuado entre capital e trabalho, com o primeiro tornando-se independente do segundo.

Kumar (1997:36) afirma que essas mudanças ainda estão em suas fases iniciais: "Ainda é impossível generalizar a longo prazo. Os otimistas são tão plausíveis no que dizem quanto os pessimistas". No entanto, segundo esse autor, parece haver uma percepção comum a essas teorias contemporâneas: uma tendência a se contraporem duas realidades sociais distintas. Uma emergente era do conhecimento começa a invadir um espaço até então exclusivo da economia industrial: "Parece haver de fato alguma coisa agindo neste particular, algo na experiência das sociedades modernas contemporâneas que, de forma persistente, provoca não apenas 'o senso do fim', mas também de novos começos" (Kumar, 1997:17).

Essa ambivalência entre fins e começos pode ser compreendida no contexto da pós-modernidade: esta transcende a modernidade sem excluí-la (Bauman, 1999). Em suma: a pós-modernidade combina o antigo com o novo, admite concepções variadas, diferentes e até mesmo contraditórias a respeito de um mesmo assunto.

Ao combinar o antigo com o novo, a visão pós-moderna pode contribuir para a melhor compreensão das duas abordagens em foco neste livro, a gestão do conhecimento e a gestão por competências. Isto é: podem-se combinar os ideais de produtividade e eficácia da era moderna com os ideais de ética e justiça, presentes na civilização celta e na tradição filosófica grega.

Para isso, é necessário trazer para o debate contemporâneo as duas dicotomias citadas, "contemplação *versus* ação" e "ação *versus* contemplação", com o objetivo de integrá-las. Reitera-se a proposição de modelos gerenciais mais adequados a essa nova era do conhecimento. Busca-se recuperar concepções anteriores de conhecimento e trabalho, desde a Antiguidade. Isso deve ser feito para que se possam levar em conta, simultaneamente, os objetivos de desempenho e eficácia, tanto em nível organizacional, quanto em nível individual. Considera-se que as pessoas são, por excelência, os sujeitos do conhecimento.

Neste sentido, pretende-se trazer para a teoria e para a prática gerencial pelo menos duas recomendações de Arendt (1995). Em primeiro lugar, sugere-se integrar ação e contemplação em uma única perspectiva. Isso significa a retomada de concepções vigentes na civilização celta (século XIV a.C.) sobre a harmonia entre pensamento e ação. O objetivo é eliminar a ideia de superioridade hierárquica entre pensamento e ação. Em segundo lugar, devem-se recuperar os elementos componentes da ação ou *vita activa*: labor, trabalho e ação humana ou política. Neste caso, o objetivo principal é eliminar a confusão existente entre os conceitos de labor e trabalho.

Diferentemente do trabalho, o labor é uma atividade instintiva, mecânica, animalesca. Neste âmbito não há espaço para a criatividade nem para a inovação. No labor, não existe criação de conhecimento nem demonstração de competência. Existe apenas a reprodução automática e repetitiva de atividades pré-programadas e sem significado percebido, semelhante ao esforço de uma abelha ao fazer o mel, ou de um boi ao puxar o arado. Ou, da mesma forma, o labor é o mesmo que trabalhar em uma área repetitiva da linha de produção, como na metáfora clássica de Chaplin, no filme *Tempos modernos*.

No que se refere à criatividade humana e à criação de conhecimento, estas parecem estar mais próximas das outras duas atividades da *vita activa*, o trabalho e a ação humana, principalmente desta última.

No trabalho, as pessoas transformam a natureza, produzem coisas duráveis, constroem o mundo. É no espaço do trabalho humano que Berger e Luckmann (1966) identificam a origem do conhecimento. Segundo esses autores, o conhecimento é construído socialmente, à medida que o homem, em suas atividades cotidianas, depara-se com algum tipo de problema. Nessas condições, o mundo do trabalho, em seu potencial infinito de geração de desafios e eventos inesperados, revela-se como o ambiente mais propício para os processos de aprendizagem, a qual ocorre quando o homem, em suas interações com o mundo, supera desafios e transforma a realidade.

Entretanto, o trabalho pode ser realizado de forma isolada, com pouca interação social, principalmente em ambientes autoritários, com poucas oportunidades de participação e de expressão de ideias. Nessas condições, o trabalho aproxima-se do labor: não pode ser criativo nem inovador. Essa realidade foi identificada por Arendt (1995) no âmbito da produção moderna em meados do século XX. Conforme dito, o trabalho humano estaria passando por um processo de desqualificação, de perda de significado, de desumanização, de transformação em labor. Na medida em que deixa de ser atividade específica do *homo faber*, que constrói o mundo para a sua morada, o trabalho humano tende a se igualar à atividade do *animal laborans*, que trabalha apenas para sobreviver enquanto espécie.

Nestas condições, a ação humana, o terceiro componente da *vita activa*, surge como a atividade por excelência para a criatividade e a inovação. Isso, principalmente, considerando-se a concepção de conhecimento como uma construção social. É no espaço público, na *polis*, por meio da *inter-ação* humana, que as pessoas constroem o conhecimento. Este é validado e justificado por meio da argumentação, do diálogo, da dialética. Reitera-se aqui o conceito de conhecimento como *crença verdadeira justificada*.

Conforme Arendt (1995), é por meio da ação, a qual se fundamenta na palavra e no discurso, que o homem se apresenta como ser singular, com identidade própria. A ação é o lugar do nascimento, da liberdade. É espaço da imprevisibilidade e da irreversibilidade humana, da incerteza, do novo. Entretanto, não há ação sem promessas e sem perdão. Pois a ação humana é irreversível e a única forma de corrigir o erro é por meio de promessas e do perdão.

Trazendo-se esses conceitos para o mundo das organizações modernas, pode-se afirmar que é impossível haver criatividade e inovação em ambientes onde o erro é punido, onde as promessas não são cumpridas. Onde se pune o erro, pune-se também a criatividade, elimina-se o oxigênio da inovação. O erro faz parte da ação, e também da *inovação, do milagre da criação do novo.*

Neste momento, você, leitor, é convidado a refletir a respeito de algumas questões:

- *Qual é o ambiente mais propício à gestão do conhecimento e à gestão por competências: o espaço do labor, do trabalho ou da ação política?*
- *Pode-se falar em criatividade e inovação em um ambiente onde predomina o labor?*
- *Os desafios gerenciais dos dias de hoje estão relacionados à ampliação dos espaços do trabalho e da ação humana?*
- *Você concorda que a inovação é uma espécie de milagre? Ou é uma espécie de erro? Ou ambas as coisas?*
- *Quais são os espaços predominantes na empresa onde você trabalha: labor, trabalho ou ação?*

Em resumo, as empresas são concebidas como sistemas integrados, com responsabilidades econômicas, sociais e ambientais. Coerente com o conceito multidimensional de competências, sistêmicas, dinâmicas, cognitivas e holísticas, a empresa é um instrumento a serviço das pessoas, em níveis individuais e coletivos. É nesta direção que são concebidas a gestão do conhecimento e a gestão por competências.

Em outras palavras, as duas abordagens em foco neste livro seguem uma orientação includente, que combina o antigo com o novo, o coletivo com o individual, o econômico com o social, o quantitativo com o qualitativo, o científico com o não científico, em suma: o moderno com o pós-moderno. Adota-se uma visão holística coerente com os modelos apresentados no capítulo 4, dedicado à gestão do capital intelectual: em termos de espaço, trabalha-se com as dimensões internas (processos internos) e externas (clientes); em termos de tempo, trabalha-se com o passado (financeiro), o presente (clientes, processos e capital humano) e o futuro (pesquisa e desenvolvimento); e em termos de mensuração, trabalha-se com aspectos quantitativos (financeiro) e qualitativos (capital intelectual).

# Referências bibliográficas


AKTOUF, Omar. *Fundamentos do pensamento administrativo*: Módulo Economia e Organização. Porto Alegre: PPGA/EA/UFRGS, 14-18 maio 2001. Notas de aula.

ALAVI, M.; LEIDNER, D. Review: knowledge management and knowledge management systems: conceptual foundations and research issues. *MIS Quarterly*, v. 25, n. 1, p. 107-136, Mar. 2001.

ALVESSON, M.; KARREMAN, D. Odd couple: making sense of the curious concept of knowledge management. *Journal of Management Studies*, Oxford, UK, v. 38, n. 7, p. 995-1.018, 2001.

ANSOFF, H. I. *Estratégia empresarial*. São Paulo: McGraw-Hill do Brasil, 1977.

ANTUNES, M. T. Pompa. *Capital intelectual*. São Paulo: Atlas, 2000.

ARENDT, H. *A condição humana*. Rio de Janeiro: Forense Universitária, 1995.

ARGYRIS, C.; SCHÖN, D. A. *Organizational learning*: a theory of action perspective. Reading: Addison-Wesley, 1978.

BARBOSA, Lívia N. Holanda. Cultura administrativa: uma nova perspectiva das relações entre antropologia e administração. *Revista de Administração de Empresas*, São Paulo, v. 36, n. 4, p. 6-19, out./dez. 1996.

BARNEY, J. B. Firm resources and sustained competitive advantage. *Journal of Management*, p. 99-120, 1991.

______; HESTERLY, W. Organizational economics: understanding the relationship between organizations and economic analysis. In: CLEGG, S. R. et al. *Handbook of organization studies*. London: Sage, 1996.

BARRIOS, Edgar. Competencias laborales, tema clave para la certificación en el Intecap. *Boletín Técnico Interamericano de Formación Profesional*, Montevideo: Organización Internacional del Trabajo (OIT), n. 149, p. 221-225, mayo/ago. 2000.

BARROS, M. de N. A. *Tristão e Isolda*: o mito da paixão. São Paulo: Mercuryo, 1996.

BAUMAN, Zygmunt. *Modernidade líquida*. Rio de Janeiro: Jorge Zahar Editor, 2001.

BECKER, Gary S. Investment in human beings (part 2). *The Journal of Political Economy*, v. 70. n. 5, p. 9-49, Oct. 1962.

BECKER, F. *Educação e construção do conhecimento*. Porto Alegre: Artmed, 2001.

BENNIS, W. G. *Desenvolvimento organizacional*: sua natureza, origens e perspectivas. São Paulo: Edgard Bleicher, 1972.

BERGER, P. L.; LUCKMANN, T. *The social construction of reality*. New York: Anchor, 1966.

BERMAN, M. *Tudo que é sólido desmancha no ar*. São Paulo: Companhia das Letras, 1994.

BLOOM, Benjamim S.; ENGELHART, Max D.; FURST, Edward J.; HILL, Walker H.; KRATHWOHL, David R. *Taxonomia de objetivos educacionais*: domínio cognitivo. Porto Alegre: Globo, 1979.

______; KRATHWOHL, David R.; MASIA, Bertram B. *Taxonomia de objetivos educacionais*: domínio afetivo. Porto Alegre: Globo, 1973.

BOCK, Friedrich. The intelligent organization. In: LITTLE, Arthur D. Knowledge management: reaping the benefits. *Prism*, second quarter 1998. Disponível em: <www.providersedge.com/docs/km_articles/The_Intelligent_Organization. pdf>. Acesso em: 27 jun. 2005.

BORGES-ANDRADE, Jairo Eduardo; LIMA, Suzana Maria Valle. Avaliação de necessidades de treinamento: um método de análise de papel ocupacional. *Tecnologia Educacional*, v. 12, n. 54, p. 5-14, set./out. 1983.

BOWDITCH, J. L.; BUONO, A. F. *Elementos de comportamento organizacional*. São Paulo: Pioneira, 1992.

BOYATZIS, Richard E. *The competent management*: a model for effective performance. New York: John Wiley, 1982.

BOYETT, Joseph; BOYETT, Jimmie. *O guia dos gurus*. Rio de Janeiro: Campus, 1999.

BRANDÃO, Hugo Pena; BAHRY, Carla Patrícia. Gestão por competências: métodos e técnicas para mapeamento de competências. *Revista de Serviço Público — RSP*, Brasília, v. 56, n. 2, p. 179-194, abr./jun. 2005.

______; BORGES-ANDRADE, Jairo Eduardo. Causas e efeitos da expressão de competências no trabalho: para entender melhor a noção de competências. *Revista de Administração Mackenzie — RAM*, São Paulo, v. 8, n. 3, p. 32-49, 2007.

CARBONE, Pedro Paulo. A web como instrumento para a construção de trilhas de aprendizagem. In: BAYMA, Fátima (Org.). *Educação corporativa*: desenvolvendo e gerenciando competências. Rio de Janeiro: Pearson Prentice Hall, 2004.

______; GUIMARÃES, Tomás de Aquino. Gestão de competências e gestão de desempenho: tecnologias distintas ou instrumentos de um mesmo constructo? *Revista de Administração de Empresas*, São Paulo, v. 41, n. 1, p. 8-15, jan./mar. 2001.

______; ______; BORGES-ANDRADE, Jairo Eduardo. Competências profissionais relevantes à qualidade no atendimento bancário. *Revista de Administração Pública*, Rio de Janeiro, v. 35, n. 6, p. 61-81, nov./dez. 2001.

______; ______; ______. Competências emergentes na indústria bancária: um estudo de caso. *Revista Comportamento Organizacional e Gestão*, Lisboa, Instituto Superior de Psicologia Aplicada, v. 8, n. 2, p. 173-190, 2002.

______; ZIMMER, Marco Vinício; GUARÇONI, Carolina Pereira; MARQUES, Fernanda; VIANA, Helder, CARBONE, Pedro Paulo; ALMADA, Valéria Ferreira. Gestão de desempenho por competências: integrando a avaliação 360 graus, o balanced scorecard e a gestão por competências. In: ENANPAD, Brasília. *Anais*... Anpad, 2005.

BRUNO-FARIA, Maria de Fátima; BRANDÃO, Hugo Pena. Gestão de competências: identificação de competências relevantes a profissionais da área de T&D de uma organização pública do Distrito Federal. *Revista de Administração Contemporânea*, Rio de Janeiro, v. 7, n. 3, p. 35-56, jul./set. 2003.

CAETANO, António. *Avaliação de desempenho*: metáforas, conceitos e práticas. Lisboa: RH Editora, 1996.

CARBONE, Pedro Paulo. Fenômenos ligados ao autoritarismo organizacional: a visão crítica de Guerreiro Ramos sobre organização autocrática. *Revista de Administração Pública*, Rio de Janeiro, v. 25, n. 3, p. 85-100, jul./set. 1991.

______. *Desenvolvimento gerencial*: o perfil do gerente de agência do Banco do Brasil. 1993. Dissertação (Mestrado em Administração) — Fundação Getulio Vargas, Rio de Janeiro, 1993.

______. Cultura organizacional do setor público brasileiro: desenvolvendo uma metodologia de gerenciamento da cultura. *Revista de Administração Pública*, Rio de Janeiro, v. 34, n. 2, mar./abr. 2000.

______. Gestão por competências: uma nova metodologia de gerenciamento do capital humano. *Revista Mundo PM — Project Management*, n. 11, p. 18-23, out./nov. 2006.

CASTRO, Pedro Marcos Roma de; BORGES-ANDRADE, Jairo Eduardo. Identificação das necessidades de capacitação profissional: o caso dos assistentes administrativos da Universidade de Brasília. *Revista de Administração da USP*, v. 39, n. 1, p. 96-108, 2004.

CHAMPY, James. *Reengineering management*. New York: Harper Collins, 1995.

CHANLAT, J.-F. A caminho de uma nova ética das relações nas organizações. *Revista de Administração de Empresas*, São Paulo, v. 32, n. 3, p. 68-73, jul./ago. 1992.

COCKERILL, Tony. The kind of competence for rapid change. In: MABEY, Christopher; ILES, Paul (Orgs.). *Managing learning*. London: Routledge, 1994.

CODA, Roberto; BERGAMINI, Cecília W. Pesquisa de clima organizacional e gestão estratégica de recursos humanos. In: ______; ______. *Psicodinâmica da vida organizacional*. São Paulo: Atlas, 1997. p. 95-107.

CROSBY, Philip. *Quality is free*. New York: McGraw-Hill, 1979.

DAVENPORT, Thomas. *Capital humano*. São Paulo: Nobel, 2001.

______; PRUSAK, Laurence. *Working knowledge*: how organizations manage what they know. Boston: Harvard Business School Press, 1998.

DAVIS, J.; STACK, M. *Knowledge in production*. Disponível em: <www.gocatgo.com>. Acesso em: 14 fev. 2003.

DAVIS, Stan; BOTKIN, Jim. The coming of knowledge-based business. *Harvard Business Review*, Boston, p. 165-170, Sept./Oct. 1994.

DE GEUS, Arie. *The living company*. London: Nicholas Brealey, 1998.

DEJOURS, C. *A banalização da injustiça social*. Rio de Janeiro: FGV, 2000.

DE MASI, D. *A sociedade pós-industrial*. São Paulo: Senac, 1999.

DEMING, Edwards. *Out of the crisis*. Cambridge, UK: Cambridge University Press, 1986.

DE VOS, A.; LOBET-MARIS, C.; ROUSSEAU, A.; WALLEMACK, A. Knowledge in question: from Taylorism to knowledge management. In: EUROPEAN CONFERENCE ON ORGANIZATIONAL KNOWLEDGE, LEARNING AND CAPABILITIES, 3., 2002, Athens. *Proceedings*... Athens, Apr. 2002.

DOGSON, M. Organizational learning: a review of some literature. *Organizational Studies*, v. 14, n. 3, p. 375-394, 1993.

DRUCKER, Peter. *The pratice of management*. New York: Harper & Row, 1954.

______. *Managing for results*. London: Heinemann, 1964.

______. *Management*: task, responsibilities, practices. New York: Harper & Row, 1973.

______. *Sociedade pós-capitalista*. São Paulo: Pioneira, 1993.

DURAND, Thomas. L' alchimie de la compétence. *Revue Française de Gestion*, Paris, n. 127, p. 84-102, jan./fév. 2000.

DURANT, W. *A história da filosofia*. São Paulo: Nova Cultural, 2000.

DUTRA, Joel Souza. *Competências*: conceitos e instrumentos para a gestão de pessoas na empresa moderna. São Paulo: Atlas, 2004.

EASTERBY-SMITH, M.; BURGOYNE, J.; ARAÚJO, L. *Aprendizagem organizacional e organização de aprendizagem*. São Paulo: Atlas, 2001.

______; CROSSAN, M.; NICOLINI, D. Organizational learning: debates past, present and future. *Journal of Management Studies*, v. 37, n. 6, p. 783-796, Sept. 2000.

EDVINSSON, Leif; MALONE, Michael S. *Intellectual capital*. London: Piatkus, 1998.

EDWARDS, Mark; EWEN, Ann J. *360º feedback*: the powerful new model for employee assessment and performance improvement. New York: American Management Association, 1996.

FAHEY, Liam; PRUSAK, Lawrence. The eleven deadliest sins of knowledge management. *California Management Review*, v. 40, n. 3, p. 265-276, Spring 1998.

FAISSAL, Reinaldo; PASSOS, Antônio Eugênio Mariani; MENDONÇA, Márcia da C. Furtado; ALMEIDA, Walnice Maria da Costa de. *Atração e seleção de pessoas*. Rio de Janeiro: FGV, 2005. (Publicações FGV Management, série Gestão de Pessoas).

FALCÃO, S. D.; BRESCIANI FILHO, E. Gestão do conhecimento. *Revista da III Jornada de Produção Científica das Universidades Católicas do Centro-Oeste*, Goiânia, v. 2, set. 1999.

FEIGENBAUN, Armand V. *Total quality control*. New York: McGraw-Hill, 1983.

FIOL, C. M.; LYLES, M. A. Organizational learning. *The Academy of Management Review*, Notre Dame, v. 10, n. 4, p. 803-813, 1985.

FITZ-ENZ, Jac. *Retorno do investimento em capital humano*. São Paulo: Makron, 2001.

FLEURY, Afonso; FLEURY, Maria Tereza Leme. *Estratégias empresariais e formação de competências*: um quebra-cabeça caleidoscópico da indústria brasileira. São Paulo: Atlas, 2001.

FOSS, N. J. Research in strategy, economics, and Michael Porter. *Journal of Management Studies*, v. 33, n. 1, p. 1-24, 1996.

FREITAS, Isa Aparecida; BRANDÃO, Hugo Pena. Trilhas de aprendizagem como estratégia de TD&E. In: BORGES-ANDRADE, Jairo Eduardo; ABBAD, Gardênia Silva; MOURÃO, Luciana (Orgs.). *Treinamento, desenvolvimento e educação em organizações e trabalho:* fundamentos para a gestão de pessoas. Porto Alegre: Artmed/Bookman, 2006. cap. 5, p. 97-113.

GAGNÉ, Robert M.; BRIGGS, Leslie J.; WAGER, Walter W. *Principles of instructional design*. Orlando, Florida: Holt, Rinehart and Winston, 1988.

GARCÍA, A.; FABREGAT, A. A construção humana através da equilibração de estruturas cognitivas: Jean Piaget. In: MINGUET, P. A. (Org.). *A construção do conhecimento na educação*. Porto Alegre: Artmed, 1998.

GARCIA, R. *O conhecimento em construção*: das formulações de Jean Piaget à teoria de sistemas complexos. Porto Alegre: Artmed, 2002.

GARVIN, D. A. Building a learning organization. *Harvard Business Review*, Boston, v. 71, n. 4, p. 78-91, 1993.

GILBERT, Thomas F. *Human competence*: engineering worthy performance. New York: McGraw-Hill, 1978.

GHOSHAL, S.; BARTLETT, C. *The individualized corporation*. London: Heinemann, 1998.

GOODMAN, Paul S.; DARR, Eric D. Computer-aided systems and communities: mechanisms for organizational learning in distributed environment. *MIS Quarterly*, p. 417-440, Dec. 1998.

GOUNET, T. Fim do trabalho, fim do emprego? In: CARRION, R. K. M.; VIZENTINI, P. F. *A crise do capitalismo globalizado na virada do milênio*. Porto Alegre: UFRGS, 2000.

GRANT, R. The knowledge-based view of the firm: implications for management practice. *Long Range Planning*, v. 30, n. 3, p. 450-454, 1997.

GREY, C. *Against learning*. Cambridge: University of Cambridge, The Judge Institute of Management Studies, 2001. (Research Papers in Management Studies. WP 4).

GUIMARÃES, Tomás de Aquino; BORGES-ANDRADE, Jairo Eduardo; MACHADO, Magali dos Santos; VARGAS, Miramar Ramos Maia. Forecasting core competencies in an R&D Environment. *R&D Management Review*, Manchester, UK, v. 31, n. 3, p. 249-255, 2001.

_____; BRUNO-FARIA, Maria de Fátima; BRANDÃO, Hugo Pena. Aspectos metodológicos do diagnóstico de competências em organizações. In: BORGES-ANDRADE, Jairo Eduardo; ABBAD, Gardênia Silva; MOURÃO, Luciana (Orgs.). *Treinamento, desenvolvimento e educação em organizações e trabalho*: fundamentos para a gestão de pessoas. Porto Alegre: Artmed/Bookman, 2006. cap. 11, p. 216-230.

HAMEL, G. The concept of core competence. In: HAMEL, G.; HEENE, A. *Competence-based competition*. Chichester: John Wiley, 1994.

HAMMER, Michael. *The reengineering revolution*. New York: Harper Collins, 1995.

______; CHAMPY, James. *Reengineering the corporation*. New York: Harper Collins, 1993.

HENDERSON, H. *Creating alternative futures*. New York: Berkeley, 1978.

HERZBERG, F.; MAUSNER, B.; SNYDERMAN, B. *The motivation to work*. New York: John Wiley, 1959.

HESSEN, J. *Teoria do conhecimento*. São Paulo: Martins Fontes, 2000.

HIDDING, G. J.; CATTERALL, S. M. Anatomy of a learning organization. *Knowledge and Process Management*, v. 5, n. 1, p. 3-13, 1998.

HILAL, Victoria Garibaldi. *Negócios internacionais*: dimensões e *clusters* de cultura organizacional de uma empresa brasileira com atuação internacional. 2002. Tese (Doutorado em Administração) — Universidade Federal do Rio de Janeiro/Coppead, Rio de Janeiro, 2002.

HINDLE, Tim; FIELD, M. Lawrence. *Guide to strategy*: a glossary of essential tools and concepts of today managers. Cambridge: Harvard Business School Press, 1994.

HIRSCHMAN, A. O. *As paixões e os interesses*: argumentos políticos a favor do capitalismo antes do seu triunfo. Rio de Janeiro: Record, 2002.

HOFSTEDE, Geert. *Culturas e organizações*. Lisboa: Sílabo, 1997.

HUBER, G. P. Organizational learning: the contributing processes and the literatures. *Organization Science*, v. 2, n. 1, p. 88-115, 1991.

HUNT, S. D. The competence-based, resource-advantage, and neoclassical theories of competition: toward a synthesis. In: INTERNATIONAL CONFERENCE ON COMPETENCE-BASED MANAGEMENT, 4., 1998, Oslo. *Proceedings*... Oslo, Norway, June 1998.

HUYSMAN, M. Contrabalançando tendenciosidades: uma revisão crítica da literatura sobre aprendizagem organizacional. In: EASTERBY-SMITH, M. et al. *Aprendizagem organizacional e organização de aprendizagem*. São Paulo: Atlas, 2001.

ISAMBERT-JAMATI, Viviane. O apelo à noção de competência na revista *L'orientation scolaire et profissionelle*: da sua criação aos dias de hoje. In: ROPÉ, Françoise; TANGUY, Lucie (Orgs.). *Saberes e competências*: o uso de tais noções na escola e na empresa. Campinas: Papirus, 1997.

JURAN, J. M. *Juran on planning for quality*. New York: The Free Press, 1988.

KANAANE, R. *Comportamento humano nas organizações*: o homem rumo ao século XXI. São Paulo: Atlas, 1995.

KAPLAN, Robert S.; NORTON, David P. *A estratégia em ação*: balanced scorecard. Rio de Janeiro: Campus, 1997.

______; ______. *Mapas estratégicos*: convertendo ativos intangíveis em resultados tangíveis. Rio de Janeiro: Elsevier, 2004.

KLEIN, H. K.; LYYITINEN, K. The poverty of scientism in information systems. In: MUNFORD, E.; HIRSCHEIM, R.; FITZGERALD, G.; WOOD-HARPER, A .T. (Orgs.). *Research methods in information systems*. North-Holland: Elsevier Science Publishers/Manchester Business School, 1985.

KUMAR, K. *Da sociedade pós-industrial à pós-modernidade*: novas teorias sobre o mundo contemporâneo. Rio de janeiro: Jorge Zahar Editor, 1997.

LE BOTERF, Guy. *Competénce et navigation professionnelle*. Paris: Éditions d'Organisation, 1999.

LEITE, João Batista Diniz. *Gestão do conhecimento no contexto das teorias da estratégia*. 2004. Projeto de Tese (Doutorado em Administração) — Universidade Federal do Rio Grande do Sul, Porto Alegre, 2004.

______; VARGAS, L. M. Gestão do conhecimento em apoio à conquista de vantagem competitiva sustentável. In: ASSEMBLÉIA DO CONSELHO LATINO-AMERICANO DE ESCOLAS DE ADMINISTRAÇÃO, 37., 2002, Porto Alegre. *Anais*... Porto Alegre: Conselho Latino-Americano de Escolas de Administração (Cladea), 22-25 out. 2002. CD-ROM.

LODI, João Bosco. *A entrevista*: teoria e prática. São Paulo: Pioneira, 1991.

LUZ, Ricardo. *Clima organizacional*. Rio de Janeiro: Qualitymark, 1995.

MAGER, Robert F. *Preparing instructional objectives*: a critical tool in the development of effective instruction. Belmont, USA: Fearon-Pitman, 1990.

MAHONEY, J. T.; SANCHEZ, R. Competence theory building: reconnecting management research and management practice. In: HEENE, A.; SANCHEZ, R. (Orgs.). *Competence-based strategic management*. Chichester: John Wiley, 1997. p. 43-64.

MANNION, J. *O livro completo da filosofia*. São Paulo: Madras, 2004.

MASLOW, A. *Motivation and personality*. New York: Harper, 1954.

MATTAR, Fauze Najib. Metodologia e planejamento. In: ______. *Pesquisa de marketing*. São Paulo: Atlas, 1996. v. 1.

MATURANA, H.; VARELA, F. *Árvore do conhecimento*: as bases biológicas da compreensão humana. São Paulo: Palas Athena, 2003.

McCLELLAND, David C. Testing for competence rather than intelligence. *American Psychologist*, p. 1-14, Jan. 1973.

McGREGOR, D. *The human side of enterprise*. New York: McGraw-Hill, 1960.

McLAGAN, Patrícia A. Competencies: the next generation. *Training & Development*, p. 40-47, May 1997.

MÈDA, D. *O trabalho*: um valor em extinção. Lisboa: Fim de Século, 1999.

MINCER, Jacob. Investment in human capital and personal income distribution. *The Journal of Political Economy*, v. 66, n. 4, p. 281-302, Aug. 1958.

MINTZBERG, Henry. *The rise and fall of strategic planning*. New York: The Free Press, 1994.

______; AHLSTRAND, B.; LAMPEL, J. *Safári de estratégia*. Porto Alegre: Bookman, 2000.

______; QUINN, J.; GOSHAL, Sumantra. *The strategy process*. New Jersey: Prentice Hall, 1995.

MONOBE, Massanori. *Contribuição à mensuração e contabilização do* goodwill *adquirido*. Tese (Doutorado em Administração) — Faculdade de Economia, Administração e Contabilidade, Universidade de São Paulo, 1986.

MONTGOMERY, Cynthia; POTER, Michael. *Strategy*. Cambridge: Harvard Business School Press, 1991.

MORGAN, G. *Imagens da organização*. São Paulo: Atlas, 1996.

MOTTA, Fernando C. Prestes; CALDAS, Miguel P. *Cultura organizacional e cultura brasileira*. São Paulo: Atlas, 1997.

MOTTA, P. R. *Gestão contemporânea*: a ciência e a arte de ser dirigente. Rio de Janeiro: Campus, 1999.

NISEMBAUM, Hugo. *A competência essencial*. São Paulo: Infinito, 2000.

NONAKA, I. A empresa criadora de conhecimento. In: STARKEY, Ken. *Como as organizações aprendem*. São Paulo: Futura, 1997.

______; TAKEUCHI, H. *Criação de conhecimento na empresa*: como as empresas japonesas geram a dinâmica da inovação. Rio de Janeiro: Campus, 1997.

O'DELL, C.; GRAYSON, C. J. If only we knew what we know: identifications and transfer of best practices. *California Management Review*, v. 40, n. 3, Spring 1998.

OHMAE, Kenichi. *The mind of the strategist*. New York: McGraw-Hill, 1992.

OIT — ORGANIZACIÓN INTERNACIONAL DEL TRABAJO. La propuesta de um Sistema de Formación y Certificación en el INSAFORT de El Salvador. *Boletín Técnico Interamericano de Formación Profesional*, Montevideo, OIT, n. 149, p. 221-225, mayo/ago. 2000.

OLIVEIRA, M. K. *Vygotsky*: aprendizado e desenvolvimento: um processo sócio-histórico. São Paulo: Scipione, 2002.

PASQUALI, Luiz. *Psicometria*: teoria e aplicações. Brasília: UnB, 1997.

PENROSE, E. *The theory of the growth of the firm*. New York: Oxford University Press, 1959.

PEREIRA, M. J. L de B. *Na cova dos leões*: o consultor como facilitador do processo decisório empresarial. São Paulo: Makron, 1999.

PIAGET, J. *A equilibração das estruturas cognitivas*: problema central do desenvolvimento. Rio de Janeiro: Zahar Editores, 1976.

______. *Abstração reflexionante*. Porto Alegre: Artes Médicas, 1995.

POLANYI, M. *The tacit dimension*. Gloucester: Peter Smith, 1983.

PORTER, M. E. *Vantagem competitiva*: criando e sustentando um desempenho superior. Rio de Janeiro: Campus, 1989.

PRAHALAD, C. K.; HAMEL, Gary. The core competence of the corporation. *Harvard Business Review*, Boston, v. 68, n. 3, p. 79-91, May/June 1990.

PRANGE, Cristiane. Aprendizagem organizacional: desesperadamente em busca de teorias? In: *Aprendizagem organizacional e organização de aprendizagem*: desenvolvimento na teoria e na prática. São Paulo: Atlas, 2001.

RICHARDSON, Roberto Jarry et al. *Pesquisa social*: métodos e técnicas. São Paulo: Atlas, 1999.

ROCHA, Angela da; CHRISTENSEN, Carl. *Notas sobre a construção de questionários*. Rio de Janeiro: Instituto de Pós-Graduação e Pesquisa em Administração-Coppead/UFRJ, 1997. ms.

SÁ LEITÃO, J. S. Clima organizacional na transferência de treinamento. *Revista de Administração*, São Paulo, v. 31, n. 3, p. 53-62, jul./set. 1996.

SANCHEZ, R.; HEENE, A. Competence-based strategic management: concepts and issues for theory, research, and practice. In: HEENE, A.; SANCHEZ, R. *Competence-based strategic management*. Chichester: John Wiley, 1996.

______; ______. A competence perspective on strategic learning and knowledge management. In.: ______; ______. *Strategic learning and knowledge management*. Chichester: John Wiley, 1997. p. 3-15.

SANTOS, Armando Cuesta. O uso do método Delphi na criação de um modelo de competências. *Revista de Administração*, São Paulo, v. 36, n. 2, p. 25-32, abr./jun. 2001.

SANTOS, B. S. *Introdução a uma ciência pós-moderna*. Rio de Janeiro: Graal, 1989.

SARKAR, R. J.; BANDYOPADHYAY, S. *Developing an intranet-based knowledge-management framework in a consulting firm*: a conceptual model and its implementation. Calcutta, India, Institute of Management. Disponível em: <www.sop.inria.fr/cacia/workshops/ECAI2002-OM/Actes/Sarkar.pdf>. Acesso em: 17 dez. 2002.

SCHULTZ, Theodore W. Investment in human capital. *The American Economic Review*, v. 11, n. 1, Mar. 1961.

SCHULTZE, U.; LEIDNER, D. Studying knowledge management in information systems research: discourses and theoretical assumptions. *MIS Quarterly*, v. 26, n. 3, p. 213-242, Sept. 2002.

SENGE, Peter. *A quinta disciplina*: a arte e prática da organização de aprendizagem. São Paulo: BestSeller, 2003.

SENNETT, R. *A corrosão do caráter*: conseqüências pessoais do trabalho no novo capitalismo. Rio de Janeiro: Record, 2002.

SMITH, Adam. *A riqueza das nações*: investigação sobre sua natureza e suas causas. São Paulo: Abril Cultural, 1983.

SPARROW, Paul R.; BOGNANNO, Mario. Competency requirement forecasting: issues for international selection and assessment. In: MABEY, Christopher; ILES, Paul (Orgs.). *Managing learning*. London: Routledge, 1994.

STEWART, Thomas A. *Capital intelectual*. Rio de Janeiro: Campus, 1998.

SVEIBY, Karl. *A nova riqueza das organizações*: gerenciando e avaliando patrimônios de conhecimento. Rio de Janeiro: Campus, 1998.

______. A knowledge-based theory of the firm to guide in strategy formulation. *Journal of Intellectual Capital*, v. 2, n. 4, p. 344-358, 2001.

SWAN, J.; SCARBROUGH, H. Knowledge management: concepts and controversies. *Journal of Management Studies*, Oxford, UK: Blackwell, v. 38, n. 7, Nov. 2001.

TAKEUCHI, I. *Beyond knowledge management*: lessons from Japan. Disponível em: <www.metakm.com/article.php>. Acesso em: 7 fev. 2003.

TAYLOR, F. Winslow. *Princípios da administração científica*. São Paulo: Atlas, 1976.

TERRA, J. C. C. (Org.). *Gestão do conhecimento e* e-learning *na prática*. São Paulo: Negócio, 2003.

TILLES, Seymour. How to evaluate a corporate strategy. *Harvard Business Review*, Boston, v. 41, n. 4, p. 111-121, July/Aug. 1963.

TUCKER, Marc; RUZZI, Betsy Brown. Un sistema nacional de normas de competencia y certificaciones para los Estados Unidos. *Boletín Técnico Interamericano de Formación Profesional*, Montevideo: Organización Internacional del Trabajo (OIT), n. 149, p. 221-225, mayo/ago. 2000.

VASCONCELOS, F. C.; CYRINO, A. B. Vantagem competitiva: os modelos teóricos atuais e a convergência entre estratégia e teoria organizacional. *Revista de Administração de Empresas*, São Paulo, v. 40, n. 1, p. 20-37, out./dez. 2000.

VERNANT, J.-P. *As origens do pensamento grego*. Rio de Janeiro: Difel, 2002.

VIEGAS, Waldyr. *Fundamentos de metodologia científica*. Brasília: Paralelo 15/UnB, 1999.

VON KROGH, G.; ICHIJO, K.; NONAKA, I. *Enabling knowledge creation*. New York: Oxford University Press, 2000.

WAGNER, E. S. *Hannah Arendt & Karl Marx*: o mundo do trabalho. São Paulo: Ateliê Editorial, 2000.

WAGNER III, J.; HOLLENBECK, J. R. *Comportamento organizacional*: criando vantagem competitiva. São Paulo: Saraiva, 1999.

WERNERFELT, B. A resource-based view of the firm. *Strategic Management Journal*, UK, v. 5, n. 2, p. 171-180, 1984.

WHIDDETT, Steve; HOLLYFORDE, Sarah. *The competencies handbook*. London: Institute of Personnel and Development, 1999.

ZARIFIAN, Philippe. *Objectif compétence*: pour une nouvelle logique. Paris: Liaisons, 1999.

# Os autores

## Pedro Paulo Carbone

Doutorando em economia de empresas pela Universidade Católica de Brasília, mestre em administração pública pela Escola de Administração Pública e de Empresas da Fundação Getulio Vargas (Ebape/FGV), especialista em marketing pela Universidade Federal do Rio de Janeiro (Coppead/UFRJ) e bacharel em administração pela Universidade de São Paulo (USP). Gerente executivo da Universidade Corporativa do Banco do Brasil (UniBB), professor-colaborador da FGV, coordenador do MBA Gestão de Pessoas da FGV no Distrito Federal, palestrante e consultor.

## Hugo Pena Brandão

Doutorando em psicologia do trabalho e das organizações e mestre em administração pela Universidade de Brasília (UnB), especialista em elaboração, análise e avaliação de projetos pela Ebape/FGV, especialista em marketing pela Coppead/UFRJ e bacharel em administração pela Universidade Católica de Brasília (UCB). Gerente de divisão da UniBB, professor-colaborador da FGV e do Centro de Ensino Universitário do Distrito Federal (UDF), palestrante e consultor.

### João Batista Diniz Leite

Doutor em administração pela Universidade Federal do Rio Grande do Sul (UFRGS), mestre em administração pela Universidade Federal de Minas Gerais (UFMG), especialista em marketing pela Coppead/UFRJ e bacharel em ciências econômicas pela UFMG. Assessor sênior do Banco do Brasil. Professor-colaborador da FGV, do UDF e do Instituto de Cooperação e Assistência Técnica (Icat-DF).

### Rosa Maria de Paula Vilhena

Mestre em gestão empresarial e especialista em desenvolvimento de recursos humanos pela Ebape/FGV, especialista em gestão do conhecimento e inteligência empresarial pela Coppe/UFRJ e bacharel em pedagogia pela Universidade Federal Fluminense (UFF). Ex-diretora do Centro de Desenvolvimento e Gestão de Negócios (CDGN) do Senac-RJ. Professora do MBA de Gestão de Pessoas da FGV e consultora de empresas na área de educação corporativa.